Frank-Michael Rost

The Man behind the Words

In 100 Tagen zum Roman

Sachbuch

Impressum

 tredition

© 2023 Frank-Michael Rost
Coverdesign von: Ohrland Design, ohrland.de

Druck und Distribution im Auftrag des Autors:
tredition GmbH, Heinz-Beusen-Stieg 5, 22926 Ahrensburg,
Germany

ISBN	978-3-384-03783-1
Harccover	ISBN 978-3-384-03784-8
Großdruck	ISBN 978-3-384-03786-2
e-Book	ISBN 978-3-384-03785-5
Audiobook	ISBN 978-3-941335-55-4

Inhalt

1. Was ist eine Geschichte?   11

2. Von der Idee zur 1. Fassung   19

     2.1 Eine Idee finden   25

     2.2 Eine Hauptfigur erfinden   32

     2.3 Die Nebenfiguren   38

     2.4 Romanprojekt planen   45

     2.5 Der Schreibprozess   53

     2.6 Eine Frage der Perspektive   59

     2.7 Zeitstufen   64

     2.8 Reports – Jedes Wort zählt!   68

     2.9 Testleser und wo sie zu finden sind   71

     2.10 Wert und Unwert des Lektorats   81

3. Anbieten   85

     3.1 Das Anschreiben   88

     3.2 Das Exposé   92

     3.3 Die Logline   96

     3.4 Die Leseprobe   99

     3.5 Autoren-Vita   106

     3.6 VÖ-Liste   112

     3.7 Der Umgang mit Absagen   117

4. Tiefer hinein ins Kaninchenloch   127

5. Der Mann hinter den Worten   141

Danksagungen & Links   149

Literaturverzeichnis & Quellen   150

Glück ist die Summe aus Vorbereitung und Gelegenheit.

1

Was ist eine Geschichte?

Sage ich Menschen, dass ich Geschichtenerzähler bin, ist ihre nächste Frage häufig „Aha, und was machen Sie beruflich?".

Das hat sicherlich auch damit zu tun, dass die Abwesenheit von Geschichtenerzählern keine unmittelbaren Auswirkungen auf das tägliche Leben hätte. Ein Beispiel: Die Abwesenheit der Müllabfuhr würde man schon nach kurzer Zeit bemerken. Dagegen fiele es kaum auf, wenn sämtliche Schriftsteller, Dichter und Denker über Nacht von diesem Planeten verschwänden.

Daraus ließe sich schließen, dass die Tätigkeit der Müllwerker einen Wert besitzt, die der Schriftsteller, Dichter und Denker hingegen nicht oder nur einen sehr geringen.

Erschwerend kommt hinzu, dass der überwiegende Teil der Geschichtenerzähler hinsichtlich der Einkommenssituation gegenüber einem durchschnittlichen Müllwerker deutlich schlechter gestellt ist. Du kennst solche Sätze wie „Nur wenige Schriftsteller können vom Schreiben leben.". Das stimmt überwiegend. Anderer Leute Dreck wegzuräumen bringt deutlich mehr ein und lässt sich darüber hinaus auch wesentlich leichter erlernen. Warum erzählen Menschen dann Geschichten?

Die ältesten überlieferten Geschichten sind Schöpfungsmythen. Darin erklären sich Mitglieder eines Stammes, wie es zur Existenz der Erde und des Stammes kam. In den meisten Fällen sind höhere Wesen, also Götter, mit im Spiel. Fast immer läuft es darauf hinaus, dass ein höheres Wesen gerade nichts Besseres zu tun hatte und aus einer Laune heraus erst die Erde und dann den Stamm geschaffen hat.

Das ist nicht besonders originell, geradezu abgedroschen. Aber wenn es oft genug und ohne zu lachen wiederholt wird, dann glauben Menschen das irgendwann. Nicht nur das. Sie werden diese Geschichte gegen jede Kritik verteidigen.

Das ist dann auch die wichtigste Funktion von Geschichten, sie sind identitätsstiftend. Indem sich Menschen Geschichten erzählen, werden aus mehr oder weniger zufällig zusammengewürfelten Individuen erst Gruppen, dann Stämme, Völker, Nationen und schließlich „die Menschheit".

Die Erklärung der Gegenwart erfolgt aus der Konstruktion einer gedachten Vergangenheit. Das hat den Zweck einer gewünschten Ausrichtung auf die Zukunft. Stark vereinfacht könnte das so lauten:

> „Wir, die H'rümpf, beherrschen die Ebene des Pumm, weil unser Gott Grogg uns erschaffen und auserwählt hat. Darum müssen wir alle Nicht-H'rümpf auslöschen oder uns zu Diensten machen, damit wir auch weiterhin die Ebene des Pumm beherrschen."

Ausgestattet mit diesem Mindset werden die H'rümpf sich vermutlich so lange gegen alle anderen behaupten, bis sie die dominante Gruppe in ihrer Region sind. Sich eine solche Geschichte zu erzählen bringt also einen nicht zu unterschätzenden Überlebensvorteil.

Abgesehen davon ist das Erzählen von Geschichten auch unterhaltsam. Gerade in den Anfangsjahren der Menschheit, also bevor es Radio, Fernsehen und das Internet gab, kamen die Mitglieder des Stammes gern am Lagerfeuer zusammen und lauschten den mündlich vorgetragenen Erzählungen. Manche dieser Geschichtenerzähler machten es so gut, dass sie von der täglichen Arbeit ausgenommen und für ihre Tätigkeit vom Stamm mit Nahrung und Zuwendung versorgt wurden. Das klappte umso besser, wenn die Geschichtenerzähler behaupteten, dass das, was sie da erzählten, übernatürliche Wahrheiten seien, die nur sie völlig durchblickten.

Das klappt auch heute noch, sogar außerhalb organisierter religiöser Kontexte. Es wird dann von „Erfolg" oder „Wissenschaft" statt „Göttern" und „Dämonen" gesprochen. Der smarte Geschichtenerzähler passt sich eben der Erwartungshaltung des Publikums an.

Geschichten sind also identitätsstiftend, bringen einen Überlebensvorteil und sind darüber hinaus auch noch unterhaltsam. Kann die Müllabfuhr da mithalten? Eher nicht.

Geschichten zu erfinden und vorzutragen ist ein Grundbedürfnis des Menschen. Das hat hauptsächlich damit zu tun, dass der Mensch spricht. Alles, was über die Kommunikation gerade stattfindender Gefühlszustände bzw. Bedürfniserfüllungswünsche hinausgeht – also zum Beispiel „Ich Hunger! Ich Essen!" – ist letztlich eine Geschichte. Jeder Gedanke, jede Meinungsäußerung, jede tiefere Gefühlsregung, jede Lüge; einfach alles, was mit Hilfe der Sprache anderen Menschen mitgeteilt werden kann. In Kombination mit einer aufgeschriebenen Sprache, also der Schrift, können diese Geschichten sogar über den Tod des Individuums hinaus anderen Menschen mitgeteilt werden. So kommt es, dass uns Sorgen und Nöte von Menschen, die seit Tausenden von Jahren tot sind, noch immer beschäftigen.

Wenn es eine zutiefst „menschliche" Eigenschaft gibt, dann ist es die Fähigkeit, Geschichten zu erzählen und zu tradieren. Das macht den Menschen überhaupt erst zum „Menschen".

Dass sich die gebildeten Schichten für Erzählungen von dahergelaufenen Individuen interessieren, die keine Könige, Philosophen oder Gottesleute sind, ist ein menschheitsgeschichtlich recht neues Phänomen. Sicherlich wird es das schon immer gegeben haben, nur wurden diese Texte nicht überliefert.

Das änderte sich spätestens im 18. Jahrhundert. Der Buchdruck war inzwischen etabliert und hinlänglich viele Menschen konnten lesen. Dadurch wurde es wirtschaftlich sinnvoll, Bücher in größeren Auflagen zu drucken und zu verkaufen. Mit der Individualisierung ging auch ein entscheidender Wandel in der Sicht auf Geschichten einher. Statt das große Ganze im Blick zu haben, ging es zunehmend um die ganz spezielle Sichtweise genau eines Menschen. Dieser war seinen Lesern zudem oft namentlich und durch einige Eckdaten seiner Biografie bekannt. Dadurch entsteht nach und nach eine neue Qualität hinsichtlich der Rezeption von Geschichten.

Während bei Schöpfungsmythen zumindest noch behauptet werden konnte, dass sie eine objektive „Wahrheit" repräsentieren, ist das bei literarischen Werken von Einzelpersonen kaum mehr möglich. Selbst, wenn die erzählte Geschichte auf tatsächlichen Ereignissen beruht ist klar, dass es sich um eine subjektive Schilderung, eine individuelle Sicht auf die Dinge handelt. Einem solchen Werk kann von vornherein die Allgemeingültigkeit abgesprochen werden.

Dennoch stehen heutige Geschichtenerzähler in der Tradition ihrer archaischen Vorgänger. Menschen interessieren sich für andere Menschen, für ihre Schicksale, Träume, Wünsche, Hoffnungen und Gefühle. Es spielt keine Rolle, ob es erfundene Menschen sind, zeitgeschichtliche oder historische Figuren. Wobei Figuren letztlich immer erfunden sind. Sei es von den Autoren oder von PR-Agenturen, die für die Menschen hinter der öffentlichen Person tätig sind oder waren. Wir konstruieren uns eine Vorstellung, eine Fiktion dieses Menschen in unserem Kopf. Den wirklichen Menschen hinter den Worten bekommen wir nie zu Gesicht.

Geschichtenerzähler erfüllen also ein Grundbedürfnis des Menschen und tragen in Summe zu einer neuen Form der Identitätsstiftung bei. Eine Gesellschaft ohne Geschichten könnte funktionieren, aber eben auch nur das. Sie wäre in letzter Konsequenz un-menschlich.

Obwohl jeder Mensch die grundsätzliche Fähigkeit besitzt, Geschichten zu erfinden und zu erzählen, wird nicht jeder den Wunsch verspüren, das dauerhaft oder zum Broterwerb zu machen. Das ist völlig in Ordnung. Es muss Planer, Strategen, Lenker, Konstrukteure, Erbauer, Erfinder, Tüftler, Erzieher, Aufpasser, Verteidiger oder auch Nasszellenreinigungsfachkräfte geben. Aber es gibt eben auch Menschen, die für nützliche Tätigkeiten nicht geeignet sind.

Die Fähigkeit, Geschichten zu erfinden und zu erzählen, hat auch mit Talent und einer gewissen Begabung zu tun. Aber letztlich ist es eher eine Frage von Disziplin.

In den folgenden Kapiteln erhältst du einen Einblick in meine Arbeitsweise. Du erfährst, wie du aus einer Idee einen Roman machen kannst und was du alles beachten solltest, wenn du dein fertiges Werk einem Verlag oder einer Literaturagentur anbieten möchtest. Ich erhebe keinen Anspruch auf Allgemeingültigkeit. Was für mich gut funktioniert, kann für dich schon wieder völlig ungeeignet sein. In der Praxis hat es sich allerdings bewährt, kontinuierlich – am besten jeden Tag – an der Verwirklichung seiner Ziele zu arbeiten.

Dieses Buch versteht sich als Ergänzung zu meinem YouTube-Kanal @themanbehindthewords.

2

Von der Idee zur 1. Fassung

Es gibt mit Sicherheit genauso viele Wege, einen fiktionalen oder nichtfiktionalen Text zu schreiben, wie es Menschen auf diesem Planeten gibt. Keiner dieser Wege ist der allein seligmachende. Was für die Einen gut funktioniert, kann für die Anderen schon wieder völlig falsch sein.

Ich stelle dir meine Methode vor. Sie versetzt mich in die Lage, einen Roman im marktüblichen Umfang in etwa 100 Tagen zu schreiben. Wäre Schreiben die einzige Tätigkeit der ich nachgehen muss, ginge es bestimmt auch schneller.

Der Arbeitsablauf ist im Grunde immer gleich. Alles beginnt mit der Idee, die mich trotz heftiger Gegenwehr nicht mehr loslässt. Ich suche selten aktiv nach Ideen, die meisten überfallen mich einfach. Im Schlaf, beim Autofahren, in der Badewanne. Mein erster Impuls ist dann immer, an irgendwas Anderes zu denken.

Kommt die Idee wieder und lässt mich nicht los, dann ist es etwas, dem ich folgen muss.

Es gibt zwei Arten von Ideen. Entweder dreht es sich um eine interessante Figur, oder es geht um ein Konzept bzw. eine aufregende Handlung. Selten habe ich beides zusammen. Habe ich jedoch die Idee zu einer Figur, dann entwickelt sich daraus fast von allein die Handlung und damit auch die Geschichte.

Hat mich die Idee lang genug verfolgt, beginne ich damit, etwas zu Papier zu bringen bzw. in den Computer zu tippen. Ich arbeite die Figuren aus und schreibe ein Exposé, das die Geschichte auf etwa einer halben Seite erzählt. Figurenbeschreibungen und Exposé fließen dann in das Treatment ein. Das sind dann schon etwa 20 bis 30 Seiten. Ein Treatment ließt sich etwa so wie die Nacherzählung einer Geschichte, wie du sie in der Schule anfertigen musstest. Es ist eine reine Arbeitsgrundlage und nicht für die Öffentlichkeit bestimmt.

Parallel dazu recherchiere ich alles, was ich mir nicht selbst ausdenke. Lebensdaten historischer Persönlichkeiten, sofern sie in der Geschichte eine Rolle spielen sollen, technische Details von Fahrzeugen oder Waffen, Erscheinungsdaten bestimmter Filme oder Lieder, wenn diese dazu dienen sollen, die Geschichte einer bestimmten Zeitperiode zuzuordnen.

Recherchen machen Spaß, können aber auch frustrierend sein. Die Realität ist unfassbar komplex. Kein Autor, auch wenn er noch so detailliert schreibt, kann diese Dichte künstlich erzeugen. Die Fülle an Informationen zu fast jedem Gebiet kann zudem überwältigend sein und eher dazu führen, das Vorhaben entmutigt aufzugeben.

Ich sehe das inzwischen pragmatisch, trage viel mehr Informationen zusammen, als ich benötige und speichere sie zur späteren Verwendung auf der Festplatte ab. Für die erste Recherche zu einem neuen Roman gebe ich mir selbst 20 Tage Zeit. Was ich bis dahin nicht habe, ist entweder nicht so wichtig oder ich finde es später beim Schreiben.

Recherchen sind nie ganz abgeschlossen. Es ist ein offener Prozess. Figuren, Recherchen und Treatment ergeben zusammen die Handlung für die einzelnen Kapitel einer Geschichte. Ich kann anhand der Art der Geschichte inzwischen recht gut abschätzen, wie viele Wörter ich ungefähr benötigen werde, um die gesamte Handlung zu Papier zu bringen.

Stark vereinfacht: Ein Thriller hat etwa 70.000 bis 80.000 Wörter. Ich schreibe in den meisten Fällen Kapitel mit etwa 5.000 Wörtern (10 DIN A 4 Seiten), so dass ich meine Planung auf 14 bis 16 Kapitel ausrichte. Ich arbeite mit einer Tabelle in der jede Zeile ein Kapitel repräsentiert. Die Handlung aus dem Treatment verteile ich auf diese Zeilen. So entsteht nach und nach die Struktur des Romans.

Mein Schreibtag beginnt um 4 Uhr morgens. Nach einem Kaffee und einem kleinen Happen kann ich spätestens um 4:30 Uhr loslegen. Ist es der erste Tag eines neuen Projektes, starre ich dann auf eine leere Seite und überlege, wie zum Teufel ich diese sinnvoll mit irgendwas füllen soll. Meistens schreibe ich dann einen recht gewöhnlichen Satz, z.B.:

„Gloria setzt sich auf den angebotenen Stuhl."

Der nächste Satz könnte etwas über diese „Gloria" und die Situation, in der sie sich gerade befindet, verraten. Etwa so:

„Sie streift die blonde Löwenmähne zurück und sieht den drei Anzugträgern vor ihr in die Augen."

Gloria hat also Haare wie Farrah Fawcett und muss sich mit drei Anzugträgern auseinandersetzen. „Anzugträger" ist ein

Bild für Personen, die Macht ausüben. Als anonyme Gruppe ist diese Macht entmenschlicht, fast schon bedrohlich. Aber welche Art von Macht können diese Anzugträger über Gloria ausüben?

„Es geht um viel. Ihre Zukunft als professionelle Surferin."

Nach vier Sätzen haben wir eine ungefähre Vorstellung von Glorias Aussehen und kennen ihren Beruf. Außerdem wissen wir, dass sie sich in einem Abhängigkeitsverhältnis zu einer anonymen Gruppe von Personen befindet, die die Macht besitzen, über ihre Zukunft zu entscheiden. Nicht schlecht für den Anfang. Alles andere kann sich jetzt nach und nach daraus entwickeln. Das sind übrigens die ersten Sätze, die ich für meinen Thriller „Geiseln" (Rost, F.-M.: Geiseln, 2023, unveröffentlicht, Roman) geschrieben habe.

Gegen 6:30 Uhr gibt es Frühstück. Danach setze ich meinen Schreibtag bis 10:30 Uhr fort. Dann werden die Reports ausgefüllt und die Datensicherung durchgeführt. Gewöhne dir an, alles was du schreibst doppelt und dreifach auf verschiedenen Datenträgern und Speichermedien zu sichern. Ab 11:00 kann ich mich anderen Aufgaben widmen. An den Wochenenden steht etwas mehr Zeit zur Verfügung, wobei du auch dein Privatleben nicht vergessen solltest. Ich habe ausgerechnet, dass mir auf diese Weise jedes Jahr 2.184 Stunden fürs Schreiben zur Verfügung stehen. Nicht schlecht, oder?

Ich schreibe durchschnittlich 900 Wörter pro Tag. An Spitzentagen schaffe ich um die 2.600 Wörter. Es gibt auch Tage, da sind es gerade mal 42. So oder so halte ich nach etwa 100 Tagen die erste Fassung meines neuen Romans in der Hand. In den meisten Fällen ist diese weit davon entfernt, gut zu sein. Aber zumindest gibt es jetzt etwas, das solange verbessert werden kann, bis es reif für eine Veröffentlichung ist.

Der Prozess der Überarbeitung startet mit dem Korrekturlesen, gefolgt von einem Lektorat. Inhalt, Struktur, Grammatik und die allgemeine Lesbarkeit des Textes werden verbessert. Parallel dazu sollten Testleser eingebunden werden. Manche Autoren fragen dazu andere Autoren. Ich bevorzuge Feedback von ganz normalen Lesern. Professionelles Feedback erhalte ich durch das Lektorat. Wie viel von diesen Rückmeldungen und Eindrücken du letztlich annehmen willst, bleibt allein dir überlassen. Dein Name steht als Autor über der Geschichte. Also ist es allein deine Verantwortung.

Wie viele Überarbeitungen nötig sind, hängt von vielen Faktoren ab. Es gibt Autoren, die schreiben ihre Manuskripte fünfzig Mal um. Andere geben ihren Text ohne Korrekturen an den Verlag und es werden trotzdem Bestseller. Es gibt hier also keinen allgemeingültigen Weg.

Ich stelle meine Texte nicht vor der vierten oder fünften Überarbeitung vor. Bis sie marktreif sind können weitere fünf bis zehn Überarbeitungen dazukommen. Allerdings darf der Text auch nicht „zu Tode verbessert" werden. Manche Schwächen müssen einfach akzeptiert werden. Manchmal sind es gerade diese „Schwächen", die einen Text einzigartig machen.

Um den Text letztlich zu veröffentlichen gibt es zwei Wege. Du kannst ihn einem Verlag anbieten, entweder direkt oder über den Umweg einer Literaturagentur oder du wirst Selfpublisher. Beide Wege haben Vor- und Nachteile.

So oder so kommen Eigenwerbung, Interviews, Lesungen usw. on Top dazu. Ob du nun willst oder nicht, aber Social Media wird dein ständiger Begleiter sein. Hier solltest du dich auf ein oder zwei Kanäle konzentrieren, die für deine Bedürfnisse am besten geeignet sind. Social Media hat ein hohes Suchtpotential und kann ein echter Zeitfresser sein. Außerdem kann ein unbedachter Scherz jederzeit einen Shitstorm auslösen.

Ich habe mich für Instagram und Youtube entschieden. Du benötigst eine klare Strategie und solltest entsprechend Zeit für Social Media einplanen. Das alles ist nicht Bestandteil des eigentlichen Schreibprozesses, gehört aber heute zum Leben als Autor dazu. Je früher du dich daran gewöhnst, desto besser.

2.1 Eine Idee finden

Alles, was du brauchst, ist eine Idee. Klingt logisch. Aber was ist eine Idee? Einfach ausgedrückt ist es Anfang und Ende von allem. Anfang, weil du ohne eine Idee niemals beginnen wirst und Ende, weil eine „schlechte" Idee zu nichts führt. Die Idee ist es, die dich dazu bringt, überhaupt etwas zu schreiben.

Es nützt nichts, ausschließlich Techniken zu erlernen oder bestimmte Werkzeuge zu nutzen. Bevor du anfängst, brauchst du eine Vorstellung davon, was du erschaffen willst. Ein Bildhauer hat die Statue im Kopf, bevor er sie aus dem Stein herausmeißelt. Ein Tischler hat eine Vorstellung von einem Stuhl und beginnt erst dann, ihn zu bauen. Als Autor ist es genauso. Du hast eine Idee von der Geschichte, die du erzählen willst.

Wie kommst du an eine Idee? Es gibt eine bewusste und eine unbewusste Methode. Die bewusste Methode ist einfach. Du suchst in Zeitschriften, Blogs oder den Nachrichten nach Meldungen, die dich inspirieren. Ob all das tatsächlich den Tatsachen entspricht, spielt keine Rolle. Wichtig ist nur, dass es dich dazu bringt, eine Geschichte erzählen zu wollen.

Aus der Schlagzeile „Feuerwehrmann rettet Kind aus brennendem Haus" lässt sich alles mögliche machen. Es kann ein Sozialdrama sein, eine romantische Liebesgeschichte, ein Thriller, sogar Fantasy, denn wer sagt denn, dass der Feuerwehrmann ein normaler Mensch sein muss? Es könnte auch ein Vampir sein, ein Ork oder ein Zauberer.

Außerdem verändert sich die Geschichte je nachdem, an welcher Stelle das „... rettet Kind aus brennendem Haus" kommt. Ist es der Aufhänger, also der Anfang deiner Geschichte? Dann will man wissen, was danach passiert. Oder ist es der Höhepunkt? In diesem Fall wird deine Geschichte auf genau diesen Showdown hinarbeiten. Der Leser will dann unbedingt wissen, ob das Kind aus den Flammen gerettet wird oder nicht.

Die bewusste Methode eignet sich besonders für Projektvorschläge, die sich an Literaturagenturen und große Publikumsverlage wenden. Hier schaust du einfach, welche Bücher gerade die Bestsellerlisten anführen, veränderst die Grundidee ein wenig (um eventuellen Plagiatsvorwürfen zu entgehen) und machst daraus „deine" Idee.

Beispielsweise könntest du aus einem historischen Roman, der sich um eine mobile Prostituierte dreht, einfach eine Geschichte basteln, die im 18. Jahrhundert spielt und eine sesshafte Prostituierte als Hauptfigur hat. Du änderst die Namen, stellst ein paar Handlungselemente um und schon hast du einen potentiellen Bestseller in Händen. Aber Vorsicht! Sollte jemand deinen Vorschlag gut finden, musst du das Buch auch schreiben.

Spannender ist die unbewusste Methode. Hier suchst du nicht krampfhaft nach einer Eingebung, sondern die Idee „überfällt" dich. Im Schlaf, beim Toilettengang, auf dem Weg zum Bäcker. Es lässt sich nicht erklären, aber plötzlich ist sie da, deine Idee. Da sich das selten vorher ankündigt, solltest du stets in der Lage sein, dir Notizen zu machen. Früher waren das ein Notizblock und ein Stift, heute wird es in den meisten Fällen das Smartphone sein. Ich habe inzwischen soviel Kram in meiner „Memo"-App, dass ich mir Memos schreiben muss, um zu wissen, welche Memos ich habe.

Die besten unbewussten Ideen kommen im Schlaf, genauer gesagt in Träumen. Was sind Träume? Botschaften aus deinem Unterbewusstsein. Meistens sinnloser Nonsens. Du stehst zum Beispiel nackt auf dem Marktplatz und hältst einen Fisch in der Hand, der wie dein Zahnarzt aussieht. Das ergibt für sich betrachtet noch keine gute Idee, geschweige denn eine gute Geschichte.

Sehr viel aussagekräftiger sind da schon Alpträume. Willst du fesselnde Horrorgeschichten schreiben, dann freu dich über jeden Alptraum, denn es könnte die Grundlage für dein nächstes Buch sein.

Die Geschichte für meinen Thriller „Chico" (Rost, F.-M.: Chico, 2023, unveröffentlicht, Roman) habe ich im Traum empfangen. Nicht nur die Grundidee, sondern tatsächlich das ganze Ding von Anfang bis Ende. Ich bin schweißgebadet aufgewacht und habe sofort alles in meinen Computer gehackt. Schon hatte ich ein 12-seitiges Treatment. Daraus wurde dann ein 300-Seiten Roman voller Sex, Gewalt und Rock 'n' Roll. Allerdings wäre es unfair, die Geschichte darauf zu reduzieren, denn das ist nur die Oberfläche. Ebenso unfair wäre es, vom Werk auf den Autor zu schließen.

Gibt es gute und schlechte Ideen? Letztlich ist alles schon mal auf die ein oder andere Weise gemacht worden.
Es wurde zudem besser gemacht.
Künstlerisch wertvoller.
Erfolgreicher.
Prägnanter.
Was auch immer.
Das Besondere ist aber nicht die „Idee" als solche, sondern du. Nur du kannst schreiben, wie du es tust. Nur du kannst eine Geschichte auf deine Weise erzählen. Ein und dieselbe Idee von zwei unterschiedlichen Menschen verarbeitet, würde zwei völlig verschiedene Geschichten ergeben. Darin liegen Chance und Risiko zugleich. In letzter Konsequenz kommt es allein auf dich und deine Fähigkeiten als Autor an.

Arbeite allein, für dich, als ob es niemals jemand lesen wird. Suche tief in dir nach dem, was du schreiben und mitteilen willst. Das ist der Teil, den du bis zu einem gewissen Grad kontrollieren kannst. Über das Publikum und wie es auf dein Manuskript reagieren wird, hast du keinerlei Kontrolle.

Niemand weiß, was Leser wirklich mögen, sonst gäbe es keine Flops bzw. alle Bücher wären Bestseller. Daher solltest du nicht so sehr an das Publikum denken. Du kannst es nicht allen recht machen. Du solltest es noch nicht mal versuchen, weil es ohnehin zum Scheitern verurteilt ist. Schreibe, wie nur du es kannst.

Ideen gibt es wie Sand am Meer. Ideen an sich sind wertlos. In den meisten Fällen ist die Ausführung wichtiger als die Idee selbst. Ich möchte sogar soweit gehen zu behaupten, dass eine mittelmäßige Idee in den Händen eines begnadeten Schriftstellers eine weitaus bessere Geschichte ergeben wird, als eine absolut umwerfende, die von einem Stümper umgesetzt wird.

Hast du eine recht gewöhnliche Idee, zum Beispiel „Junge trifft Mädchen", dann kannst du diese durch neue, überraschende Elemente verändern oder ad absurdum führen. Dadurch wird sie wesentlich interessanter.

Sagen wir mal Junge trifft Mädchen, aber einer von beiden hat kein funktionierendes Immunsystem. Jetzt müssen die Liebenden mit Hilfe von Wissenschaftlern einen Weg finden, ihre Liebe auch (körperlich) ausleben zu können.
Oder beide verwandeln sich langsam in Zombies und die verbleibende Zeit ist kostbar. Der Leser fragt sich, wer von beiden zuerst zum Zombie wird oder welcher Körperteil wem zuerst abfällt und wie die beiden damit umgehen.
Oder Junge trifft Mädchen, und zwar eines, das tatsächlich ganz genau sagt, was sie denkt und fühlt. Der Junge, durch unzählige Dating-Ratgeber gedrillt, sucht nun krampfhaft nach „versteckten Hinweisen", die gar nicht existieren. Wäre bestimmt zum Brüllen komisch. Oder sehr, sehr traurig. Je nachdem, wie die Geschichte erzählt wird. Komödie und Tragödie sind manchmal kaum voneinander zu unterscheiden.

Willst du einen literarischer Roman schreiben, sollte deine Idee genug hergeben, um literarisch zu sein. Du könntest z.B. die

Gesellschaft aus einem bisher unbekannten Blickwinkel betrachten oder eine ungewöhnliche Erzählweise verwenden. Letztlich muss die Idee zum Genre passen. Schreibst du einen „Krimi", sollte es darin um ein Verbrechen und seine Auflösung gehen. Soll es eine „Liebesgeschichte" sein, dann wäre es gut, wenn deine Idee mindestens zwei Menschen beinhaltet, die sich irgendwie anschmachten. Hast du einen „Historischen Roman" im Kopf, dann sollte deine Geschichte nicht unbedingt letzten Monat spielen. Es muss sicherlich nicht immer gleich das Mittelalter sein, aber ein gewisser zeitlicher Abstand zu unserer Gegenwart ist ganz bestimmt ratsam.

Und dann gibt es noch den „Genre-Mix", also eine Geschichte, die sich gleich mehreren Genres zuordnen lässt. Eines der bekanntesten Beispiele ist der Film „Krieg der Sterne"[1].

Obwohl der Film als „Science-Fiction" vermarktet wurde – was er im Grunde gar nicht ist – ist er zugleich ein „Western", ein „Kriegsfilm", ein „Fantasyfilm", ein „Ritterfilm", ein „Piratenfilm", ein „Liebesfilm", ein „Abenteuerfilm", eine „Slap-Stick-Komödie" und noch vieles mehr. Im Kern ist es wieder „Junge trifft Mädchen". Du siehst, aus dieser banalen Grundidee lässt sich einiges machen.

Wenn deine Geschichte Elemente mehrerer Genres enthält, dann solltest du dasjenige Genre in der Außenkommunikation herausstellen, das tonangebend ist. Die meisten Agenturen und Verlage, aber letztlich auch Leser, mögen Geschichten, die eindeutig in eine Schublade passen.

Nehmen wir an, du hast einen „Ork Krimi" geschrieben. Ein Ork wurde ermordet und ein Ork-Kommissar klärt den Fall auf. Würdest du versuchen, diesen Roman als ganz normalen „Krimi" anzupreisen? Wohl kaum. Erstens wären typische

---

[1] Krieg der Sterne (Originaltitel: Star Wars), USA 1977, Regie & Drehbuch: George Lucas, Produktion: Gary Kurtz, Länge: 121 Minuten

Krimi-Leser bestimmt verwirrt und zweitens wird diese Geschichte automatisch aufgrund des Schauplatzes und der Figuren dem „Fantasy"-Genre zugerechnet. Sind sich die Genre ähnlicher, z.B. „Krimi" und „Thriller", kann die Zuordnung allerdings kniffliger werden.

Viele Autoren haben Angst davor, dass ihnen eine gute Idee gestohlen wird. Eine bloße Idee gehört zwar grundsätzlich demjenigen, der sie zuerst hatte, ist aber nach dem Urheberrecht nicht schutzfähig. Erst ein ausgearbeitetes Werk kann geschützt werden. Es muss nicht gleich der ganze Roman oder das ganze Sachbuch sein. Wichtig ist nur, dass du etwas zu Papier bringst, das die wesentlichen Elemente deiner Idee beinhaltet, also wenigstens ein Exposé oder Treatment.

Aber auch wenn deine ausgearbeitete Idee automatisch geschützt ist, kann es im Zweifelsfall schwierig sein nachzuweisen, dass du der Urheber dieser Idee bist. Um dich hier abzusichern empfiehlt es sich, fertige Manuskripte, Treatmets und Exposés bei einer neutralen Stelle zu hinterlegen. Du kannst dich über das Internet selbst informieren, welche Möglichkeiten es dafür gibt. Sich das Schriftstück selbst per Post zuzuschicken und den ungeöffneten Umschlag als Nachweis aufzubewahren wurde früher empfohlen. Ich bin skeptisch, ob das im Streitfall als „Beweis" genügen würde. Aber ich bin auch kein Rechtsanwalt oder Notar.

Wenn dich eine Idee begeistert, dich nachts nicht schlafen lässt, du ständig daran denken musst, dann schreib die Geschichte, die du lesen willst. Schreibst du in erster Linie nur für dich selbst, ohne die Absicht, es jemals jemandem zu zeigen oder es gar zu veröffentlichen, dann hast du im Grunde jede Freiheit der Welt, deine Idee auf genau die Art und Weise in eine Geschichte zu verwandeln, wie du es für richtig hältst.

Hast du jedoch einen wie auch immer gearteten „Markt" im Kopf, dann wirst du vermutlich etwas anders agieren und dir zumindest Gedanken um mögliche Zielgruppen machen. Hier musst du entscheiden, wie weit du es zulässt, von solchen Überlegungen in deiner Kreativität eingeschränkt zu werden. Ideen an sich sind weder „gut", noch „schlecht". Es hängt sehr viel von der Umsetzung ab.

2.2 Eine Hauptfigur erfinden

Die Hauptfigur, oder Protagonist, steht im Zentrum der Geschichte und macht in den meisten Fällen im Verlauf der Handlung eine Wandlung durch. Beispielsweise könnte sie zu Beginn schüchtern und nett und am Ende, bedingt durch zahlreiche Erfahrungen, selbstbewusst und hart sein. Selbstverständlich ist auch der umgekehrte Weg denkbar oder alles um deine Hauptfigur verändert sich, nur deine Figur bleibt gleich. Auch das kann eine spannende Geschichte werden.

Der Begriff „Protagonist" stammt aus dem alt-griechischen Drama und meint den ersten Schauspieler. Dieser war häufig auch der Regisseur des Stücks. Es ist die zentrale Figur, um die es in der Geschichte geht und ohne die es die Geschichte nicht gibt. Die einzige Figur, die du als Autor nicht einfach so töten kannst, ohne dass deine Geschichte zusammenbricht. Das heißt nicht, dass der Protagonist nicht sterben kann, aber es geschieht meist am Ende der Geschichte und gibt dieser dadurch ihren „Sinn". Da das etwas vorhersehbar ist, mag ich Geschichten mit mehreren Hauptfiguren, da dort niemand „sicher" ist. Aber das nur am Rande.

Passend zu deiner Figur definierst du ein Ziel, das diese unbedingt erreichen will. Davon wird sie von äußeren und inneren Hindernissen abgehalten. Das Ziel sollte glaubwürdig sein und zu dieser Figur (und dem Genre) passen. Ein passendes Ziel für einen Geheimagenten wäre es, einen Superschurken auszuschalten. Gibst du diesem Agenten aber das Ziel, einen Backwettbewerb zu gewinnen, könnte dich das vor große Herausforderungen stellen.

Im Verlauf der Handlung kann deine Hauptfigur die äußeren und inneren Hindernisse entweder überwinden oder auch nicht, je nachdem welche Art von Geschichte du schreibst. Daher ist nach meiner Theorie die Hauptfigur gewissermaßen die Handlung, bzw. sie bestimmt, was alles in deiner Geschichte passieren kann und was nicht.

Deine Hauptfigur muss vor allem ansprechend sein. Leser müssen an der Figur und ihrem Schicksal Interesse haben. Vielleicht identifizieren sie sich mit dieser Figur, weil sie in einer ganz ähnlichen Situation stecken oder gesteckt haben, oder sie sehen zu dieser Figur auf, weil sie Eigenschaften besitzt, die sie selbst gern hätten. Was es auch ist, die Hauptfigur und das Interesse an ihrem Schicksal sorgen dafür, dass die Geschichte gelesen wird. Das kann man an sich selbst überprüfen. Eine Geschichte über einen langweiligen Buchhalter, die sich tatsächlich nur um die doppelte Buchführung dreht, wäre wohl ein ziemlicher Ladenhüter. Ist dieser Buchhalter aber ein bei der Mafia eingeschleuster Spitzel, der jeden Moment auffliegen und getötet werden kann, dann hat die Geschichte schon deutlich mehr Potential. In diesem Fall wäre es vielleicht sogar besonders reizvoll, wenn diese Figur menschlich eher langweilig ist, während die Welt um sie herum von Gewalt und Verbrechen geprägt ist.

Grundsätzlich steht deine Hauptfigur immer im Spannungsfeld zwischen dem, was sie will und dem, was sie braucht. Das erste drückt sich meist in der Handlung der Geschichte aus, das zweite steht in Verbindung mit dem tieferliegenden Thema der Geschichte. Bezogen auf unseren Buchhalter könnte das so aussehen:

- „Will": Der Buchhalter hilft dabei, die Mafia-Schurken dingfest zu machen. Die äußere Handlung.

- „Braucht": Der Buchhalter sucht nach Erlösung, da er selbst ein Verbrecher war. Die innere Entwicklung.

Um deine Geschichte überhaupt zu einer solchen zu machen, brauchst du einen Konflikt. Ohne einen Konflikt gibt es nichts zu erzählen. Ein Konflikt entsteht aus dem Spannungsfeld des „Will" und „Braucht" der Hauptfigur auf der einen und den inneren und äußeren Hindernissen auf der anderen Seite.

Beispielsweise könntest du eine Figur innerhalb der Mafia-Bande ergänzen, die der Hauptfigur besonders nahe steht. Im Verlauf der Handlung wird sie diese zwangsläufig verraten müssen, um ihre Ziele zu erreichen.

Um deine Hauptfigur zu beschreiben benötigst du zuerst mal einen Namen. Danach legst du die 3 Dimensionen der Figur fest: Aussehen, psychologisches Profil und soziales Umfeld.

Aussehen: Alles, was die Figur hinsichtlich der äußeren Erscheinung beschreibt. Also „Mann", „Frau", „groß", „klein", „dick", „dünn", „lange Haare", „kurze Haare", „Haarfarbe" usw.. Hier sind deiner Fantasie keine Grenzen gesetzt. Außerdem Besonderheiten wie „krumme Nase", „Segelohren", „Narben" (woher?). Auch Accessoires, Kleidung und Schmuck gehören dazu. Je nach Genre und Geschichte auch bevorzugte Waffen und Werkzeuge. Je genauer und detaillierter deine Vorstellung ist, desto besser.

Psychologisches Profil: Persönlichkeitseigenschaften, die in bestimmten Situationen zu Tage treten. Die Psychologie unterscheidet zwischen fünf Kerneigenschaften, die in jedem Menschen in unterschiedlicher Ausprägung vorhanden sind: Offenheit, Gewissenhaftigkeit, Extraversion, Verträglichkeit und Neurotizismus. Um das psychologische Profil einer Figur zu beschreiben, musst du kein abgeschlossenes Psychologiestudium haben. Du solltest aber eine Vorstellung davon besitzen, wie diese Figur „tickt".

Soziales Umfeld: Jede Figur hat andere Personen um sich, mit denen sie in irgendeiner Form von Beziehung steht. Eltern,

Geschwister, Partner, Freunde, Bekannte, Arbeitskollegen. Aber auch Gegner, Feinde, Widersacher und Lehrer, Helfer, Unterstützer. Je genauer und kleinteiliger du das soziale Umfeld deiner Hauptfigur beschreibst, desto lebendiger wird sie sich anfühlen.

Außerdem kannst du noch Zusatzeigenschaften bestimmen, z.B. Beruf, Interessen, Hobbys, soziale Stellung, besondere Fähigkeiten oder gar Superkräfte, sofern deine Figur über solche verfügt. Auch bevorzugte Speisen und Getränke bestimmen letztlich, wer und was deine Hauptfigur ist. Ist der Protagonist jemand, der gern und viel Alkohol trinkt, dann sagt es viel über diese Figur aus, ob es sich dabei um billiges Dosenbier oder Champagner für mehrere hundert Euro pro Flasche handelt. Isst diese Figur hauptsächlich Fast-Food oder fühlt sie sich in gehobenen Restaurants zuhause? Jedes Detail ist wichtig und bestimmt, mit wem wir es zu tun haben.

Ganz allgemein solltest du die Lebensgeschichte deiner Hauptfigur von der Geburt bis zum Zeitpunkt, in dem sie in deiner Geschichte in Erscheinung tritt, in- und auswendig kennen. Manche Autoren schreiben ganze Biografien über ihre Hauptfigur. Es ist in jedem Fall ratsam, so viele Informationen wie möglich über den Protagonisten schriftlich zu fixieren. So kannst du später beim Schreiben immer wieder zu diesen Notizen als Gedächtnisstütze zurückkehren. Du kannst auch eine optische Repräsentation deiner Hauptfigur anfertigen. Mit K.I.-Bildgeneratoren geht das inzwischen sogar ohne zeichnerisches Talent.

Wie viele dieser Informationen du später in die Geschichte einfließen lässt, ist eine andere Frage. Seitenlange Beschreibungen von Äußerlichkeiten wirken meistens recht dröge. Trotzdem wollen deine Leser wissen, wie deine Hauptfigur aussieht. Am besten löst du das Problem, indem du Beschreibungen mit Handlung verknüpfst. Angenommen, dein Protagonist ist kleinwüchsig und muss ohne Hilfsmittel auf ein Pferd steigen. Indem du die Situation beschreibst, sparst du dir eine entsprechende Erklärung. Oder dein Protagonist könnte gezwungen sein, seinen wertvollsten Besitz, einen eleganten Mantel, beim Schneider ausbessern zu lassen. Schon kannst du über diese Interaktion etwas über deine Hauptfigur preisgeben, ohne dass deine Leser gelangweilt werden. Statt zu schreiben, dass dein Protagonist „rote Haare" hat, könnte eine Figur auf diese reagieren und etwas sagen wie „Ich liebe/mag/hasse Rothaarige". Was auch immer du anstellst, vermeide langweilige Aufzählungen.

Die Inspiration für eine Hauptfigur kann aus Geschichtsbüchern kommen, aus den Nachrichten oder auch aus anderen Geschichten. Du kannst gemeinfreie Figuren verwenden und deine eigenen Geschichten mit ihnen erzählen – s.g. Pastiches – oder auch Fan-Fiction schreiben und später einfach Namen und Schauplätze austauschen. Eine berühmte Trilogie von Büchern, die sich um BDSM-Sex dreht und auch verfilmt wurde, ist genau so entstanden. Allgemein existieren weiterhin Vorbehalte gegen Fan-Fiction, aber das sollte dich nicht abhalten.

Für dich als Autor hat es Vorteile, Fan-Fiction zumindest als Ausgangspunkt für deine Hauptfigur und die Geschichte, die du mit diesem Protagonisten erzählen willst, zu wählen. Ist es eine Figur, die du liebst, dann weißt du bereits einiges über sie und kannst entsprechend gefühlvoll über diese Figur schreiben. Selbst, wenn du später Namen und andere Details änderst, bleiben die Gefühle, die du hoffentlich aufs Papier gebracht hast, erhalten.

Fällt dir gar nichts ein, kannst du Eltern, Geschwister, Freunde und Bekannte und andere Menschen aus deinem Umfeld als Vorlagen für deinen Protagonisten verwenden. Ich lasse gern Teile meiner eigenen Persönlichkeit in meine Haupt- und Nebenfiguren einfließen, oder verkehre diese Eigenschaften ins

Gegenteil und erfinde noch einiges dazu. In jedem Fall ist es ein guter Ausgangspunkt, um eine interessante Hauptfigur zu entwerfen.

Die Hauptfigur bestimmt durch ihr Handeln den Verlauf der Geschichte. Definiere ein Ziel, das der Protagonist erreichen will. Davon wird er durch äußere und innere Hindernisse abgehalten bzw. muss diese überwinden (oder scheitert beim Versuch). Um deine Hauptfigur „menschlich" zu machen, sollte sie nicht zu einfach gestrickt sein, sondern Ecken und Kanten besitzen. Habe Mut, widersprüchliche Eigenschaften in deiner Figur zu vereinen. Ein Gangster kann auf der einen Seite brutal und unnachgiebig sein, auf der anderen Seite liebevoll im Umgang mit seiner Familie. Ein Detektiv kann einen regelrechten Gerechtigkeitsfimmel haben, aber bei sich selbst oder Personen, die er mag auch mal ein Auge zudrücken. Eine Krankenschwester opfert sich im Beruf für kranke Menschen auf, verfolgt aber gleichzeitig eine Karriere als Fotomodell und geht dabei sprichwörtlich über Leichen. Die Hauptfigur ist durch ihr „Wollen" und „Brauchen" der Grund für den Konflikt und damit die Ursache für die Geschichte.

2.3 Die Nebenfiguren

Im Englischen heißen Nebenfiguren „Supporting Characters",
also „unterstützende Figuren". Diese Bezeichnung trifft sehr
viel genauer, welche Funktion Nebenfiguren in einer Geschichte haben. Sie unterstützen durch ihre Eigenschaften die Hauptfigur und helfen dadurch, die Geschichte mit Leben zu füllen.
„Unterstützung" kann auch negativer Natur sein, was uns
direkt zum wichtigsten Supporting Character überhaupt führt,
dem Antagonisten. Das ist der Gegenspieler des Protagonisten,
also der Widersacher der Hauptfigur.

Traditionell ist es der „Schurke" einer Geschichte. Aber in einer
Gangstergeschichte kann der Protagonist auch ein Verbrecher
sein, also ein „Bösewicht", dann wäre sein Antagonist z.B. ein
Polizist oder Detektiv. Antagonist ist also nicht moralisch wer-
tend gemeint, sondern bezieht sich einzig und allein auf die
Funktion innerhalb einer Geschichte.

Der Antagonist soll der Hauptfigur das Leben schwer machen
und seine Absichten und Handlungen durchkreuzen. Oft handelt es sich um das Gegenteil, das dunkle Abbild des Protagonisten.

Der Antagonist unterscheidet sich meist deutlich in Charakter,
Aussehen, Kleidung und sozialer Stellung vom Protagonisten.
Denkbar ist aber auch, dass beide mehr oder weniger identisch
sind. Dann wäre der Antagonist der „böse Zwilling". Folgend
ein paar bekannte Beispiele von Antagonisten mit ihren jeweiligen Protagonisten:

- Darth Vader und Luke Skywalker
- Lord Voldemort und Harry Potter
- Die böse Hexe des Westens und Dorothy

Der Gegenspieler kann aber auch im Inneren der Hauptfigur existieren. Beispielsweise eine Schwäche, eine Angst, eine Sucht, oder andere selbst zerstörerische Eigenschaften. Der Protagonist steht sich in diesem Fall buchstäblich „selbst im Weg". Ein Beispiel dafür ist das biografische Buch „Wir Kinder vom Bahnhof Zoo"[2]. Hier ist die Drogensucht der Antagonist der Hauptfigur.

Damit der Antagonist nicht zu einer eindimensionalen Figur verkommt, sollte er genauso vielschichtig und komplex gestaltet werden wie der Protagonist. Ein eigenes Wertesystem, eigene Moralvorstellungen und auch positive Charaktereigenschaften helfen dabei. Der Schurke könnte also nicht nur „böse", sondern auch ein liebevoller Ehemann und Familienvater sein und auch in Stresssituationen einen kühlen Kopf bewahren. Es ist zudem ungemein anziehend und interessant, wenn Schurken intelligent und kultiviert sind und ihre eigene Sicht auf die Gesellschaft haben.

In meinen eigenen Geschichten gebe ich den jeweiligen Antagonisten oft nicht nur die tiefschürfendsten Monologe, sondern lasse sie auch Ideen und Gefühle ausdrücken, die ich selbst für richtig erachte. Das können Fragen der individuellen Freiheiten sein, oder auch Ansichten zu Krieg, Frieden und gutem Essen. Das macht diese Figuren in meinen Augen spannend, obwohl ihre Handlungen oft im starken Widerspruch zu allgemein akzeptierten gesellschaftlichen Normen stehen.

Der Antagonist muss nicht von Anfang an in Opposition zur Hauptfigur stehen. Oft werden Freunde und Verbündete erst im Verlauf der Geschichte zu Gegenspielern. Die Handlung dreht sich dann um Verrat. Das berühmteste Beispiel dafür ist Judas Iskariot, der Jesus für umgerechnet 10.000 Euro an die Hohepriester verriet. Obwohl er dadurch letztlich eine Weltreligion begründet hat, nimmt man ihm das bis heute krumm.

---

[2] Hermann, Kai / Horst Rieck (1978): Wir Kinder vom Bahnhof Zoo, Hamburg

Es gibt auch „graue" Antagonisten, die den Protagonisten nur bis zu einem bestimmten Punkt bekämpfen und dann ihre Meinung ändern oder im Grunde gute Absichten haben, aber durch die Umstände gezwungen sind, „böse" zu sein. Häufig sind es Menschen wie du und ich. Durch ihren Beruf, ihre soziale Stellung oder sich überscheidende Ziele werden sie in die Situation gebracht, dem Protagonisten das Leben schwer zu machen. Ein typisches Beispiel ist Gollum aus J. R. R. Tolkiens „Der Herr der Ringe"[3] bzw. „Der Hobbit"[4]. Gollum hat keine persönliche Motivation, Frodo bzw. Bilbo zu bekämpfen. Er will nur schlicht und ergreifend dasselbe, den Ring.

Weitere mögliche Antagonisten wären feindliche Organisationen oder die Gesellschaft an sich, Naturgewalten wie in Überlebensgeschichten (Bergsteigergeschichten, gestrandet auf einer einsamen Insel, abgestürzt in der Wüste usw.) oder generell eine (abstrakte) Kraft, das Schicksal oder ein Prinzip, eine Technologie, die Zeit was auch immer.

Der Antagonist ist dazu da, dem Protagonisten das Leben schwer zu machen. Eine Geschichte ohne Antagonisten ist möglich, aber sinnlos. Es gibt keinen Antagonisten ohne Protagonist. Je besser (mächtiger, schlauer, stärker usw.) der Antagonist, desto besser für die Geschichte. Nicht immer verliert der Antagonist.

Nebenfiguren tragen etwas zur Handlung bei. Sie helfen bei der Entwicklung des Protagonisten, ergänzen oder verdeutlichen zudem das Potential der Hauptfigur. Einige Beispiele:

Der Sidekick ist der Freund des Protagonisten. Selbst nicht ganz so glanzvoll, wie der Protagonist, unterstützt und hilft er dem Protagonisten. Ohne ihn kann der Protagonist seine Aufgabe

---

[3] Tolkien, John Ronald Reuel (1980): Der Herr der Ringe, 8. Aufl., Stuttgart
[4] Tolkien, John Ronald Reuel (1957): Kleiner Hobbit und der große Zauberer, Recklinghausen

nicht erfüllen. Oft ist der Sidekick eine umgekehrte Kopie des Protagonisten. Ein typisches Beispiel ist Dr. Watson. Er ist begriffsstutzig, Sherlock Holmes brillant. Dadurch, dass Watson begriffsstutzig ist, wirkt Holmes noch um so brillanter. Das ist die Funktion von Watson. Der Sidekick rettet die Hauptfigur immer wieder aus brenzligen Situationen, ergreift Partei für sie und so weiter. Wie beim Antagonisten gilt auch hier, je detaillierter und vielschichtiger der Sidekick geschrieben ist, desto interessanter wird er und kann seine Aufgabe noch besser erfüllen.

Der Mentor ist ein Lehrer, eine Vaterfigur, ein Vorbild. Der Mentor gibt dem Protagonisten entscheidende Hinweise, damit dieser sein volles Potential entfalten kann. Diese Nebenfigur ist oft am Endes des Weges, den der Protagonist erst noch gehen muss. Sie verkörpert also die Lektion, die der Protagonist erst lernen muss. Oft ruft der Mentor den Protagonisten auch zum Abenteuer. Beispiele:

Obi Wan Kenobi und Luke Skywalker aus dem Film „Krieg der Sterne". Obi Wan ist bereits Jedi-Ritter, Luke will es erst werden. Obi Wan fordert Luke auf, die Farm zu verlassen und die Prinzessin zu retten. Auf dem Weg dahin unterstützt Obi Wan den jungen Luke.

Mickey und Rocky Balboa aus dem Film „Rocky"[5]. Mickey war in seiner Jugend Profiboxer und hat bereits einen großen Kampf gewonnen. Er hatte aber keinen Manager an seiner Seite, so dass dieser Erfolg sinnlos war. Er will Rocky nicht nur für den Kampf gegen Apollo Creed trainieren, sondern auch als sein Manager Schaden vom ihm abwenden.

Der Mentor kann also auch eine Figur sein, die durch ihr abschreckendes Beispiel zeigt, was für die Hauptfigur auf dem

---

[5] Rocky (Originaltitel: Rocky), USA 1976, Regie: John G. Avildsen, Drehbuch: Sylvester Stallone, Produktion: Irwin Winkler, Robert Chartoff, Länge: 119 Minuten

Spiel steht. Im Fall von Rocky ist die Herausforderung nicht nur, den großen Kampf gegen den Weltmeister zu gewinnen, sondern auch mit den Schattenseiten des Erfolges umzugehen. Interessante Mentorenfiguren sollten immer auch dieses Element beinhalten und ihrerseits dem Protagonisten nicht allzu bereitwillig zur Hilfe eilen. Und bevor jetzt Fragen aufkommen: Ein Mentor kann selbstverständlich auch eine Frau sein.

Der Handlanger ist quasi der Sidekick des Gegenspielers. Der Handlanger erledigt die schmutzige Arbeit, ist dabei oft viel konsequenter und brutaler als der Antagonist. Ein bekanntes Beispiel für einen Handlanger ist Oddjob. Er erledigt die Morde für den Superschurken Goldfinger im Film „Goldfinger"[6].

Der Love Interest ist jemand für den der Protagonist Gefühle – meist romantischer Natur – entwickelt oder bereits besitzt. Diese Nebenfigur wirkt wie ein Katalysator für den Protagonisten, durch das Zusammensein (oder auch denken, schmachten ...) werden seine Kräfte hervorgeholt, verstärkt und gebündelt. Der Love Interest ist für den Protagonisten ein zusätzlicher Antrieb, um das Ziel zu erreichen. Ein Beispiel ist Ginevra „Ginny" Weasley, die zuerst in „Harry Potter und der Stein der Weisen"[7] von Joanne Kathleen Rowling auftritt und in den weiteren Bänden der Reihe schließlich Harry Potters Freundin wird. Sie hilft ihm, seine Angst, er könne von Lord Valdemort besessen sein, zu überwinden und unterstützt ihn ganz allgemein dabei, seine Charakterschwächen nach und nach abzulegen.

Der Love Interest muss aber nicht immer eine andere Person sein. Ganz allgemein kann es auch etwas sein, das der Protagonist liebt, zum Beispiel eine bestimmte Tätigkeit. Das könnte eine Sportart sein, oder ein besonderes Hobby. In jedem Fall

---

[6] Goldfinger (Originaltitel: Goldfinger), GB 1964, Regie: Guy Hamilton, Drehbuch: Richard Maibaum, Paul Dehn, Produktion: Albert R. Broccoli, Harry Saltzman, Länge: 105 Minuten
[7] Rowling, Joanne Kathleen (1998): Harry Potter und der Stein der Weisen, Hamburg

etwas, das den Protagonisten ganz erfüllt und mit positiven Gefühlen überschwemmt, wenn er nur daran denkt. Ein Protagonist könnte beispielsweise das Gefühl des freien Falls absolut lieben (Love Interest), während ihn gleichzeitig seine Höhenangst (Antagonist) davor zurückhält, einen Fallschirmspringerkurs zu machen. Daraus ließe sich mit Sicherheit eine spannende Geschichte konstruieren.

Der Skeptiker tritt in verschiedenen Formen auf. Seine wichtigste Eigenschaft ist, den Protagonisten anzuzweifeln und infrage zu stellen. Stell dir einfach deine Eltern vor, denen du voller Begeisterung sagst, dass du Schriftstellerin oder Schriftsteller werden möchtest. Schon weißt du, was ein „Skeptiker" ist. Der Skeptiker hat die umgekehrte Funktion des Sidekicks. Statt den Protagonisten zu unterstützen, fordert er ihn permanent heraus. Dadurch wird der Protagonist in seiner Besonderheit herausgestellt, da er diese Herausforderungen selbstverständlich abschüttelt. Ein Beispiel ist Will Scarlet in der Fernsehserie „Robin Hood"[8]. In dieser Variante der Geschichte ist die von Ray Winstone gespielte Figur der ewige Nörgler und Pessimist, der an allem herummeckert, was Robin macht.

Neben den bereits beschriebenen Nebenfiguren gibt es noch viele weitere, z.B. den Gestaltwandler oder den Schwellenhüter. Der Gestaltwandler steht für unberechenbare Menschen mit sich ständig verändernden Eigenschaften, während der Schwellenhüter die Funktion hat, den Protagonisten daraufhin zu prüfen, ob er für den nächsten Schritt seiner Entwicklung schon bereit ist oder nicht.

Sehr wichtig für eine Geschichte ist auch der Schatten. Diese Figur verkörpert die negativen, dunklen Eigenschaften des Protagonisten und drückt dessen Ängste und Zweifel aus. Es ist gewissermaßen der Teil des Protagonisten, den dieser selbst

---

[8] Robin Hood (Originaltitel: Robin of Sherwood), GB 1984-86, Idee: Richard Carpenter, Länge: 50 Minuten, 26 Episoden in 3 Staffeln

nicht von sich sehen will, aber unbedingt in sich integrieren muss, um zu einem vollständigen Helden werden zu können.

Eine Nebenfigur unterstützt die Geschichte des Protagonisten, ist aber selbst nicht die Geschichte. Nimmst du eine Nebenfigur aus der Handlung heraus, bleibt deine Geschichte grundsätzlich immer noch intakt, verändert allerdings die Gewichtung.

Damit Nebenfiguren interessant sind, sollten sie detailliert ausgebaut werden, eigene Ziele haben und verfolgen. Oft können unterschiedliche Nebenfiguren zu einer einzigen, neuen Figur verbunden werden. Diese ist dann interessanter, weil sie vielschichtiger ist. Hast du beispielsweise mehrere Nebenfiguren in einer Geschichte, die ähnliches sagen oder tun, dann fasse sie einfach zu einer einzigen, neuen Figur zusammen.

Protagonist, Antagonist und die Nebenfiguren sind allesamt Archetypen einer Erzählung. Ein Archetyp – der Begriff stammt aus dem Altgriechischen und bedeutet „Urbild" – verkörpert das idealtypische Beispiel für eine Idee. Archetyp ist ebenfalls ein Begriff in der Philosophie und der Psychologie. Auch Religionen arbeiten mit archetypischen Figuren.

Ganz allgemein gilt, dass eine Geschichte nicht mit zu vielen Figuren überschwemmt werden sollte. Wenn die Geschichte ein Lichtstrahl ist, dann sind Protagonist, Antagonist und die übrigen Nebenfiguren gewissermaßen die Spektralfarben. Erst im Zusammenspiel ergeben sie weißes Licht, sprich die Geschichte.

2.4 Romanprojekt planen

Planung ist der halbe Erfolg. Das gilt für so ziemlich jeden Bereich des Lebens und ganz sicher auch für das Schreiben von Büchern. Dabei spielt es keine Rolle, ob du einen Roman, ein Kinderbuch oder ein Sachbuch schreibst.

Es gibt jedoch auch Ausnahmen. Willst du beispielsweise Gedankenströme und tief in deiner Psyche verborgene Gefühle ungefiltert zum Ausdruck bringen, dann kann es eher hinderlich sein, zuviel im Vorfeld zu planen. In einem solchen Fall ist es besser, erst mal loszuschreiben und hinterher das Geschriebene in eine sinnvolle Form zu bringen.

Von Heinz G. Konsalik ist bekannt, dass seine Vorplanung oft aus nur einer einzigen Seite bestand. Der Rest der Geschichte entwickelte sich dann beim Schreiben. Er berichtete von einer Art „Trancezustand". Eine Seite ist nicht wirklich viel „Planung" und „Vorbereitung" für einen 300-Seiten Roman. Aber wenn das nicht deine Arbeitsweise ist, du also nicht wie unter Trance schreibst und dabei trotzdem irgendwie etwas Sinnvolles entsteht, dann empfiehlt es sich, mehr Zeit und Mühe in die Planung deines Projektes zu investieren.

Für mich hat es sich als nützlich erwiesen, die folgenden drei Phasen einzuhalten bzw. die entsprechenden Dokumente anzufertigen: Exposé, Treatment und Plot (Detaillierte Handlung).

Um aber überhaupt mit der Planung beginnen zu können, ist es unabdingbar, dass dir drei Dinge bekannt sind:

1. Ziel/Ende: Wie soll die Geschichte enden?
2. Struktur: Wie soll die Geschichte aufgebaut sein?
3. Budget: Wie umfangreich soll die Geschichte sein?

Ziel/Ende: Das Ziel bestimmt die Geschichte. Wenn du weißt, wie alles endet, kannst du die Geschichte so erzählen, dass sich alles entsprechend fügt. Du musst nicht jedes Detail schon im Vorfeld wissen, aber das grundsätzliche Ergebnis der Handlung schon. Also z.B. ob deine Hauptfigur ihr Ziel erreicht oder nicht. Die meisten Probleme beim Schreiben einer Geschichte entstehen, weil das Ende nicht bekannt ist.

Struktur: Die Struktur bestimmt, wann etwas in einer Geschichte passiert, nicht wie. Die Struktur ist das Gerüst deiner Geschichte, nicht die Geschichte selbst. Letztlich lassen sich alle Strukturen auf das klassische Modell des Aristoteles zurückführen – Einleitung, Mittelteil, Schluss – obwohl in neuerer Zeit immer kleinteiligere Unterteilungen vorgenommen werden, beispielsweise die 5-Akt-Struktur.

Budget: Ein Roman soll mindestens 50.000 bis 70.000 Wörter haben. Weniger ist schwer zu vermarkten. Einige Verlage verlangen auch gern 80.000 bis 90.000. Sind es wesentlich mehr, dann kommt es auf die Geschichte und das Genre an.
Ein Thriller wird eher mit 70.000 Wörtern auskommen, während es bei einem Fantasy-Roman oft über 100.000 sind. Der Grund dafür liegt auf der Hand. Ein Thriller spielt zumeist in unserer Welt, während eine Fantasy-Geschichte eine völlig andere, neue Welt erst erschaffen muss. Das erfolgt häufig in ausführlichen Beschreibungen. Zudem sprechen die Figuren in Fantasy-Romanen oft „geschwollener", d.h. die Dialoge werden automatisch länger, was ebenfalls mehr Platz auf der Seite verbraucht.

Ich schreibe oft Kapitel mit ca. 5.000 Wörtern oder 10 DIN A 4 Seiten (keine Normseiten). Plane ich einen Thriller, dann benötige ich mindestens 70.000 Wörter. Das ergibt rein rechnerisch 14 Kapitel. 70.000 : 5.000 = 14. Mit diesen Informationen kann ich meine Planung beginnen. Sollte ich später beim Schreiben feststellen, dass der Platz nicht reicht, verlängere ich entweder meine Kapitel oder füge neue Kapitel hinzu. Das muss aber mit Bedacht gemacht werden, denn dadurch verändert sich die Struktur der Geschichte. Am wenigsten problematisch ist das im Mittelteil, während ein zu langer Showdown schnell ermüdend wirkt. Wichtig ist nur, dass eine Planung kein Endergebnis ist und zusammen mit dem Projekt wachsen und sich verändern kann.

Zuerst schreibst du ein Exposé. Dazu genügt eine halbe bis eine Seite. Es ist das Grundgerüst dessen, was du erzählen willst und enthält Einleitung, Mittelteil und Schluss. Am einfachsten geht es, wenn dein Exposé die folgenden 5 Inhalte beschreibt:

1. Ausgangssituation
2. Problem
3. Größeres Problem
4. Alles scheint am Ende zu sein
5. Auflösung des Problems und Ende.

Beispiel: Ein gescheiterter Privatdetektiv hat nicht genug Geld, um seine Miete zu zahlen und droht alles zu verlieren. (Ausgangssituation)
Eine geheimnisvolle Blondine gibt ihm den Auftrag, ihren Mann zu beschatten, der vermutlich in unseriöse Machenschaften verwickelt ist. Der Auftrag ist nicht ganz ungefährlich. (Problem)
Detektiv und Blondine verlieben sich ineinander, was unweigerlich Konsequenzen haben wird. Der Mann der Blondine entpuppt sich als Kopf einer Verbrecherorganisation, die das Trinkwasser der ganzen Stadt verseuchen will. (Größeres Problem)
Der Detektiv und die Blondine stehen den Verbrechern im Weg. Beim Versuch, den Anschlag zu verhindern, werden sie gefangengenommen. Der Mann der Blondine droht, beide zu töten, da er eifersüchtig ist. (Alles scheint am Ende zu sein)

Die Blondine startet ein Ablenkungsmanöver, der Detektiv kann den Plan der Verbrecher durchkreuzen und die Stadt retten. Die Blondine zahlt den Detektiv aus, er ist nun wieder zahlungsfähig. Vielleicht werden er und die Blondine ein Paar? (Auflösung des Problems und Ende)

Das ist zugegebenermaßen noch eine recht dünne Geschichte. Aber du kannst bereits jetzt erkennen, ob sie genügend Potential und vor allem einen Konflikt enthält. Ohne Konflikt gibt es keine Geschichte.

Wie du schon weißt, bestimmt die Hauptfigur durch ihr Handeln den Verlauf der Geschichte. Der entscheidende Schritt, die Handlung in Gang zu setzen, ist das Annehmen des Auftrages. Der Detektiv könnte sich auch gegen das Angebot der Blondine entscheiden, aber dann gäbe es keine Geschichte. Außerdem ist die Hauptfigur durch ihr „Wollen" und „Brauchen" der Grund für den Konflikt und damit die Ursache für die Geschichte.

In diesem Fall ist das „Wollen" der Auftrag. Der Detektiv will das Geld der Blondine, gerät darüber in Konflikt mit ihrem Mann und der Verbrecherorganisation. Das „Brauchen" ist die Suche des Detektivs nach Liebe. Klar, sonst käme es nicht zum Techtelmechtel mit der Auftraggeberin. Dies wiederum verstärkt den Konflikt, der von der rein geschäftlichen auf eine persönliche Ebene gebracht wird.

Ausgehend von diesem Exposé schreibst du ein Treatment. Das ist die Geschichte auf 10 bis 30 Seiten. Hier schreibst du detailliert auf, was wann, wie und wem passiert. Du legst die Namen der Figuren fest – falls du das nicht schon im Exposé getan hast – und schmückst allgemein deine Geschichte weiter aus. Das kannst du recht einfach machen, indem du Fragen beantwortest. Du könntest darauf eingehen, warum dein Detektiv am Anfang der Geschichte kein Geld hat. Wurde er von jemandem betrogen? Hat er das Geld verjubelt? Musste er eine teure medizinische Behandlung für seine kranke Mutter bezahlen? Je nachdem, wie du diese Fragen beantwortest, verändert sich der Charakter deiner Hauptfigur und damit auch die Geschichte, die du erzählen wirst.

Als nächstes „verteilst" du den Inhalt deines Treatments auf die geplanten Kapitel. Ist es eine 70.000 Wörter Geschichte sind es bei mir 14 Kapitel. Jetzt kommt auch die Struktur ins Spiel. Planst du eine Geschichte mit einer klassischen Struktur, dann bedeutet das folgende Aufteilung:

30% Einleitung, also 4 Kapitel (20.000 Wörter, 40 Seiten)
50% Mittelteil, also 7 Kapitel (35.000 Wörter, 70 Seiten)
20% Schluss, also 3 Kapitel (15.000 Wörter, 30 Seiten)

Jeweils bezogen auf DIN A 4 Seiten. Wie die prozentuale Aufteilung zustande kommt erfährst du in Kapitel 4.

Am besten fertigst du eine Tabelle mit den entsprechenden Kapitelunterteilungen an. Jetzt musst du nur noch den Inhalt deines Treatments auf die einzelnen Kapitel aufteilen. Achte dabei darauf, dass jedes Kapitel mit einer Frage bzw. einem Cliffhanger endet. Es muss nicht immer die absolut lebensbedrohliche Situation für die Hauptfigur sein. Wichtig ist vielmehr, dass deine Kapitel nie ganz auserzählt sind. Dadurch sorgst du dafür, dass der Leser auch das nächste Kapitel anfängt.

Der Detektiv könnte zum Beispiel in eine verlassene Lagerhalle eindringen, weil er dort einen geheimen Unterschlupf der Schurken vermutet. Sobald er die Tür öffnet, beendest du das Kapitel. Jetzt will der Leser wissen, ob sich der Verdacht bestätigt und blättert weiter. Klärst du diese Frage zu früh, verschenkst du eine gute Gelegenheit, Spannung zu erzeugen.

Mit etwas Erfahrung wirst du wissen, wie viel Inhalt dein Kapitel verträgt. Auf jeden Fall zwingt dich die Struktur schon sehr früh, dir Gedanken über Wendepunkte, Figurenentwicklung und den allgemeinen Ablauf der Handlung zu machen. Vor allem vermeidest du eine Stagnation im Mittelteil deiner Geschichte. Einleitung und Schluss sind vergleichsweise einfach zu schreiben. In der Einleitung erschaffst du deine Welt, stellst deine Figuren und das Problem vor, es gibt immer etwas zu schreiben. Der Schluss ist i.d.R. der Teil, warum du eine Geschichte schreibst. Der Showdown, all die aufregenden Momente, wenn sich alles zum Guten (oder Schlechten) fügt. Beim Mittelteil scheitern selbst geübte Autoren, da hier sehr schnell der Fluss der Geschichte auf der Stelle treten kann.

In Fantasy-Geschichten ist das häufig der Teil im Buch, in dem die endlose Wanderung durch Sümpfe, Steppen und Wälder hin zur Burg des dunklen Herrschers oder der bösen Zauberin stattfindet. In romantischen Geschichten müssen immer wieder Mittel und Wege gefunden werden, warum das Liebespaar nicht schon jetzt zusammenkommt und in einem Krimi ist das oft der Teil, in dem falschen Fährten hinterhergejagt wird. Es passiert einfach nichts wirklich Wichtiges, denn weder Protagonist noch Antagonist können ernsthaft in Gefahr kommen. Was passiert also im Mittelteil? Die Figurenentwicklung.

Was bedeutet das genau? Wenn dein Protagonist in der Einleitung zwar Potential, aber noch nicht die Fähigkeiten besitzt, um den Antagonisten im Schlussteil der Handlung zu besiegen, dann ist der Mittelteil der Teil deiner Geschichte, in der der Protagonist genau diese Fähigkeiten nach und nach erwerben muss. Genau genommen ist der Mittelteil der wichtigste Teil deiner Geschichte.

Eine Analogie aus dem Sport wäre das Training vor einem Wettkampf. Beim Training erwirbt und verbessert der Athlet die Fähigkeiten, die er benötigt, um später gegen die Konkurrenz zu bestehen. Von außen betrachtet erscheint das Training jedoch weitaus weniger aufregend und attraktiv als der eigentliche Wettkampf. Dennoch gibt es ständig kleine Erfolgsmomente und Rückschläge.

Was ist der Unterschied zwischen „Handlung" und „Nebenhandlung(en)"? Handlung, oder Plot (engl. to plot „verschwören", „Ränke schmieden"), meint hier die logische Aneinanderreihung bestimmter miteinander in Beziehung stehender Ereignisse. Der Plot bildet das dramatische Gerüst der Geschichte. Die Haupthandlung betrifft dabei alles, was in direktem Zusammenhang mit deiner Hauptfigur und ihrer Entwicklung steht. Eine Nebenhandlung, oder Sub-Plot, ist ein beigeordneter Erzählungsstrang, der den Hauptstrang ergänzt oder mit ihm durch Zeit und Ort thematisch verbunden ist.

Oft betreffen Sub-Plots die Nebenfiguren und haben weniger starken Einfluss auf das Geschehen der Haupthandlung. Nebenhandlungen können das Thema, um das es gehen soll, aus einer anderen Perspektive betrachten und allgemein mehr Substanz in die Geschichte bringen. Sie haben auch einen praktischen Nutzen, denn manchmal reicht die Haupthandlung nur für 40.000 Wörter. Um die „Lücke" zu schließen, baust du einfach eine oder auch mehrere Nebenhandlungen ein.

Alles was den Detektiv, die Blondine und die Geheimorganisation betrifft, ist die Haupthandlung. Eine Nebenhandlung könnte einer Mitarbeiterin der Wasserwerke folgen, die von ungewöhnlichen Vorgängen rund um das Versorgungsnetz der Stadt erfährt. Sie geht der Sache auf den Grund und stellt fest, dass die Führungsetage der Wasserwerke mit der Verbrecherorganisation zusammenarbeitet. Selbstverständlich informiert sie die Polizei, aber dort glaubt man ihr nicht. Schließlich kreuzen sich ihre Wege mit dem Detektiv und der Blondine.
Eine eher persönliche Nebenhandlung könnte von der kranken Mutter des Detektivs handeln, die ihren zweiten Sohn zu sich nach Hause einlädt. Sie möchte eine alte Familienangelegenheit

klären. Dabei kommt es zum Streit zwischen den beiden. Dieses führt letztlich zu einer Klärung der Situation. Auf diese Weise erfährt der Leser mehr über den Detektiv, seine Beweggründe und Facetten seiner Persönlichkeit, die in der Haupthandlung keinen Platz haben.

Wie viele Nebenhandlungen deine Geschichte verträgt, hängt von der Stärke und Komplexität deiner Haupthandlung ab. Es gibt gute Geschichten, die ohne Nebenhandlungen auskommen. Wichtig ist, dass Sub-Plots etwas zur Haupthandlung beitragen, aber nicht zu sehr von dieser ablenken. Es ist einfacher, zunächst die Haupthandlung zu entwickeln und dann dazu passende Sub-Plots.

Eine gute Handlung zeichnet sich durch Kausalität aus. Alle Ereignisse einer Geschichte stehen mehr oder weniger stark miteinander im Zusammenhang. Alles, was in der Geschichte passiert, sollte entweder die Handlung vorantreiben und/oder im Zusammenhang mit dem „Wollen" und „Brauchen" der Hauptfigur stehen. Das fällt umso leichter, je komplexer und interessanter die Hauptfigur ist. Vieles ergibt sich ganz einfach beim Schreiben.

Das Ergebnis deiner Planung ist ein Roter Faden, der dir später beim Schreiben hilft, innerhalb der Geschichte zu manövrieren. Das ist besonders dann hilfreich, wenn ...

Dies ist übrigens ein Beispiel für einen Cliffhanger.

2.5 Der Schreibprozess

Ein Buch zu schreiben ist ziemlich einfach. Du beginnst auf Seite eins mit dem ersten Wort. Dann setzt du ein zweites Wort dahinter, ein drittes, viertes und so weiter. Auf diese Weise schaffst du locker 1.166 Wörter in der Minute. Nach einer Stunde ist der Roman fertig. Er ließt sich dann etwa so:

> „Auto Raben gehen was Dach forscht frdeedr vffrd gggtrtz bgrddsa ..."

In Wirklichkeit läuft der Schreibprozess etwas anders ab. Nachdem du deine Geschichte detailliert geplant hast, kannst du beginnen, die einzelnen Kapitel zu schreiben. Es macht Sinn, die Arbeit in kleinere Einheiten zu unterteilen. Also statt zu sagen „Ich schreibe heute die erste Seite meines 300 Seiten Romans" – das kann sehr einschüchternd sein, da die Aufgabe fast unmöglich erscheint – beginne lieber mit den ersten drei Seiten eines Kapitels. Drei Seiten umfassen etwa 1.500 Wörter. Das ist zwar immer noch eine Herausforderung, aber es ist eine überschaubare Aufgabe. Schaffst du es mehrere Tage hintereinander, diese Marke zu erreichen, hast du bereits ein Kapitel fertig.

Grundsätzlich sind mehrere Vorgehensweisen denkbar. Du kannst mit dem ersten Kapitel anfangen und dich dann der Reihe nach bis zum Schluss vorarbeiten. Ein anderer Weg wäre, zuerst die Kapitel zu schreiben, die dir selbst am interessantesten erscheinen. Häufig wird das der Showdown sein, weil dort am meisten los ist.

Ich beginne gern im Mittelteil der Geschichte. Das hat mehrere Vorteile. Zu Beginn des Schreibprozesses bist du hoch motiviert. Die Worte fließen nur so heraus und füllen schnell die Seiten. Das ist sehr gut fürs Selbstvertrauen. Außerdem läuft hier die Geschichte bereits. Die Figuren befinden sich in Spannung und die Welt, in der die Geschichte spielt, ist bereits etabliert. Du kannst gleich vom ersten Tag an mit deinen Figuren und ihren großen und kleinen Problemen Spaß haben. Da es der Teil der Geschichte ist, in der im Grunde keine großen Entscheidungen anstehen, kannst du vergleichsweise entspannt sein und vielleicht gerade darum auch vermeintlich kleinen und unbedeutenden Momenten in deiner Geschichte mehr Aufmerksamkeit schenken. Im Mittelteil der Geschichte steht die Figurenentwicklung im Vordergrund.

Habe ich die Kapitel des Mittelteils geschrieben, ist das Buch bereits zur Hälfte fertig. Das ist nicht nur ein beruhigendes Gefühl, sondern ich habe jetzt die Grundlage geschaffen, um den Schluss schreiben zu können.

Richtig, nach dem Mittelteil schreibe ich die finalen Kapitel in denen sich die Geschichte auflöst. Der Protagonist wird entweder scheitern oder obsiegen. An diesem Punkt merke ich auch häufig, dass meine Planung an der Realität scheitert und daher Inhalte aus dem Treatment bzw. den vorgeplanten Kapiteln abgeändert werden müssen. Meistens betrifft es die Menge dessen, was in einem Kapitel erzählt werden kann. Die Geschichte soll schließlich nicht zu umständlich werden oder sich in unwichtigen Details verlieren. Die Schlusskapitel führen die verschiedenen Handlungsfäden zusammen und beantworten im besten Fall alle Fragen, die im Verlauf der Geschichte gestellt wurden.

Da ich nun weiß, wie sich die Figuren im Detail entwickeln und wie die Geschichte tatsächlich enden wird, kann ich mit dem Anfang beginnen. Dreht sich die Geschichte um eine Hauptfigur, dann wird diese bereits im ersten Kapitel so früh wie möglich eingeführt. Dazu das zentrale Problem dieser Figur, also das was sie will und braucht. Außerdem können wichtige Nebenfiguren und der Schauplatz der Handlung vorgestellt werden. Indem ich so vorgehe, gebe ich dem ersten Kapitel bereits sehr viel „Dichte", da hier eine Menge los ist. Außerdem kann ich das Prinzip von Chekhov's Gun anwenden.

Dieses nach dem russischen Theaterautoren Anton Chekhov benannte Prinzip besagt, dass jedes eingeführte Element einer Geschichte eine bestimmte Bedeutung und Funktion für den Rest der Geschichte haben muss. Wird beispielsweise zu Beginn der Handlung ein Revolver gezeigt oder erwähnt, muss dieser spätestens am Ende abgefeuert werden oder eine andere, bedeutende Funktion übernehmen. Daher „Chekhov's Gun".

Das Prinzip gilt aber nicht nur für Waffen und andere Gegenstände, sondern ganz allgemein für handlungsbestimmende Elemente. Schriftsteller wie Ernest Hemingway widersprachen dieser Theorie. Ich finde sie recht nützlich, denn wozu sollte ich etwas beschreiben, das keine Relevanz besitzt? Da ich Mittelteil und vor allem den Schluss schon habe, kann ich im ersten oder einem der ersten Kapitel bereits etwas einführen, dass später eine Bedeutung haben wird.

Beispielsweise könnte der Detektiv aus dem vorherigen Kapitel während des Showdowns in eine tödliche Falle geraten. Das könnte ein Wassertank sein, der sich langsam füllt. Unternimmt er nichts, wird er ertrinken. Um zu entkommen, zückt er ein Schweizer Taschenmesser und schraubt damit die Verkleidung des Öffnungsmechanismus ab und kann in letzter Sekunde die Fluchtklappe öffnen.

Soweit so gut. Aber woher hat er das Messer? Es könnte ein Geburtstagsgeschenk seiner krebskranken Mutter sein, das zu Anfang der Geschichte auf dem Schreibtisch des Detektivs liegt. Er will es schon wegwerfen, da betritt die Blondine das Büro. Der Detektiv steckt das Messer in die Hosentasche und vergisst es dort, bis der richtige Moment gekommen ist. Das ist zwar sehr konstruiert, aber das Prinzip sollte klar werden.

Wenn du Mitte und Schluss zuerst schreibst, dann kannst du den Anfang deiner Geschichte so aufbauen, dass er perfekt dazu passt. Außerdem weißt du immer, an welcher Stelle sich deine Figur(en) hinsichtlich ihrer Entwicklung in der Mitte der Geschichte befinden und kannst darauf hinarbeiten. Steigen Detektiv und Blondine zum Beispiel in der Mitte zusammen ins Bett, sollte es eine sinnvolle Entwicklung bis zu diesem Punkt geben. Diese solltest du bereits im ersten Kapitel anlegen. Die Anziehung zwischen den beiden sollte gleich zu Beginn spürbar, aber noch nicht voll ausgebildet sein. Jedenfalls sollte es einen Grund für die beiden geben, es miteinander zu treiben. Diesen Grund musst du bereits in den ersten Kapiteln liefern, sofern sich die Geschichte deiner Meinung nach auf diese Weise entwickeln soll.

Beim Schreiben darfst du keine Angst vor Anpassungen deines Planes an die tatsächlich entstehende Geschichte haben. Viele Autoren sagen, dass ihre Figuren beim Schreiben ein „Eigenleben" entwickeln und sich nicht immer genau so verhalten oder genau so sprechen, wie sie es zuvor festgelegt haben. Ich kann das aus eigener Erfahrung bestätigen und finde das überhaupt nicht schlimm. Allerdings sollte die allgemeine Richtung weiterhin stimmen. Planst du den Detektiv zum Beispiel als einen introvertierten Zyniker, dann solltest du beim Schreiben gegensteuern, wenn er plötzlich zu einer extrovertierten Frohnatur wird. Oder du stellst fest, dass die Figur durch die Kombination extrem gegensätzlicher Eigenschaften sehr viel interessanter wird. Was auch immer du tust, es muss glaubwürdig und für die Geschichte nützlich sein.

Während du schreibst wirst du bereits kleine Änderungen vornehmen. Deine Vorplanung ist keine Blaupause, die auf Teufel komm raus eins zu eins umgesetzt werden muss. Das Wichtigste ist, Spaß beim Schreiben zu haben. Dieser Spaß wird sich im besten Fall später auch auf die Leser übertragen. Als Faustregel gilt: Wenn du selbst etwas als langweilig empfindest, dann werden höchstwahrscheinlich deine Leser genauso urteilen. Leider funktioniert es andersherum nicht immer genauso.

Ich mag beispielsweise exzessive Sex- und Gewaltszenen in meinen Thrillern. Für mich ist das gedanklich oft ein- und dasselbe. Eine scheinbare Sexszene kann in Wirklichkeit ein Ringkampf sein und umgekehrt. Mir gefällt das, anderen nicht. Andererseits könnte es Leser geben, die bei ausschweifenden Architektur- und Landschaftsbeschreibungen in Ekstase verfallen. Mich langweilt so etwas und ich versuche solche Teile in einer Geschichte auf das Notwendigste zu beschränken. Müsste ich hier gegen meine Natur anschreiben, würde es mit Sicherheit nicht gut werden. Damit scheide ich als möglicher Autor von Reiseführern wohl aus.

Es gibt zwei weitere Punkte, die unbedingt beim Schreibprozess beachtet werden müssen: Die Macht des ersten Satzes und „Kill your Darlings". Beginnen wir mit dem ersten Satz und warum er so wichtig ist.

Nach Meinung unzähliger Autoren kannst du den ersten Satz deiner Geschichte erst schreiben, wenn alles andere fertig ist. Der erste Satz ist der Haken, der deine Leser fangen und in die Geschichte hineinziehen soll. Es gibt wunderbare erste Sätze. Ohne sie wäre die Literaturgeschichte, wenn nicht gleich die gesamte Menschheitsgeschichte eine andere. Manche Literaturexperten gehen sogar soweit, dass sie Erfolg oder Misserfolg eines Buches am ersten Satz festmachen. Ist dieser nicht absolut umwerfend, nie da gewesen und explodiert förmlich vor Genie und Ideenreichtum, na dann ist ja klar, warum das Buch scheitern musste. Wie würdest du dich fühlen, wenn du mit dieser Einstellung deinen ersten Satz schreiben müsstest? Genau.

Ich sehe das entspannter. Selbstverständlich ist der erste Satz wichtig. Ich beginne gern mit dem Namen der Hauptfigur und stelle sie dem Leser vor. Entweder durch eine interessante Handlung oder einen Hinweis auf ihr Gefühlsleben. Oder ich beginne mit wörtlicher Rede. Als schalte man beim Zappen mitten in einen Film, der bereits läuft. Dieser Dialogfetzen steht nicht zufällig dort und hat etwas mit dem Rest der Geschichte zu tun. Wichtig ist, dass der erste Satz seinen Zweck erfüllt.

„Kill your Darlings" meint, dass du in der Lage sein musst, dich jederzeit von allem trennen zu können, was du geschrieben hast. Insbesondere dann, wenn es dir selbst sehr gut gefällt, es aber nicht (mehr) in die Geschichte passt.

Sagen wir, du schreibst einen unglaublich tollen Dialog über den Sinn des Lebens. Zehn Seiten. Sämtliche Menschheitsprobleme werden darin angesprochen und endgültig gelöst. Später stellst du fest, dass diese zehn Seiten deine Geschichte nicht besser, sondern nur langweiliger machen. Aber du liebst diesen wirklich wundervollen Dialog. Was ist zu tun?

Ich würde die zehn Seiten abspeichern, den Dialog löschen und schauen, ob die Geschichte immer noch funktioniert. Lautet die Antwort „ja", dann töte deinen Liebling, d.h. der Dialog bleibt draußen. In den meisten Fällen wird sich die Geschichte nicht nur flüssiger lesen, sondern das, was du durch diesen Dialog ausdrücken wolltest, wir durch die Aktionen und Reaktionen der Figuren ohnehin viel deutlicher werden. Indirekt ist oft besser als direkt. Dennoch solltest immer alles speichern. Manchmal kannst du es später bei einem anderen Projekt wiederverwenden.

In dieser Phase ist dein Ziel, die erste Fassung fertigzustellen. Diese kannst du im Folgenden überarbeiten und verbessern. Stell dir deinen Text wie eine Statue vor, die du Schlag für Schlag aus dem Marmorblock herausmeißelst. Die grobe Form ist schon zu erkennen. Die Detailarbeit beginnt jetzt.

2.6 Eine Frage der Perspektive

Eine der wichtigsten Fragen, die du zu Beginn des Schreibprozesses beantworten musst ist, aus welcher Perspektive deine Geschichte erzählt werden soll. Stell dir vor, du hast deine Geschichte geplant und genau festgelegt, was wann, wo und wie passiert. Jetzt lässt du das Geschehen vor deinem geistigen Auge ablaufen und kannst aus verschiedenen Möglichkeiten wählen, wie du das Geschehen betrachtest.

Üblicherweise wird zwischen den drei folgenden Perspektiven unterschieden: Neutrale Perspektive, Auktoriale Perspektive und Personale Perspektive.

Die neutrale Perspektive: Als Beobachter kannst du alles aus allen Richtungen sehen, was vor deinen Augen passiert. Du kannst auswählen, was du dir davon ansiehst. Du beschreibst das Geschehen von außen. Neutral, wertfrei, emotional unbeteiligt. Die Figuren, ihre Handlungen, ihre Gedanken und Gefühle kannst du nur so wiedergeben, wie es dir im realen Leben auch möglich wäre, wenn du beispielsweise als Fotoreporter durch eine Einkaufsmeile gehst und Bilder von Passanten schießt. Was wirklich in den Menschen vor sich geht, weißt du nicht. Aber du kannst beobachten und daraus Rückschlüsse ziehen.

> „Die Frau steigt in das Auto, blickt mehrmals in den Spiegel. Ein Fahrradfahrer, der ein enganliegendes, gemustertes Trikot trägt, hält auf dem Fahrradweg daneben kurz an und sieht in Richtung der Frau. Dann fährt er mit zittrigen Bewegungen weiter."

Du beschreibst ausschließlich das, was du sehen kannst. So, als stündest du neben dem Auto. Was die Figuren denken oder fühlen bleibt dir verborgen bzw. du kannst nur von außen draufsehen. Es ist ein distanzierter, fast klinischer Blick auf deine Figuren und die Handlung. Dadurch kannst du Emotionen nur indirekt wecken. Sie entstehen aus dem Zusammenhang, nicht auf der geschriebenen Seite. Das kann eine große Herausforderung für das Erzählen einer Geschichte sein. Die große Stärke der neutralen Perspektive ist ihre Schlichtheit und Wahrhaftigkeit.

Die auktoriale Perspektive: Diese funktioniert prinzipiell wie die neutrale Perspektive, aber du bekommst ein paar „Extrafeatures" dazu. Du bist allwissend, hast einen uneingeschränkten Überblick über die Handlung, kennst die Gefühle und Gedanken aller Figuren, kannst zeitlich beliebig vor- und zurückspringen, kommentierst das Geschehen bzw. wertest es, trittst aber weiterhin selbst in der Geschichte nicht in Erscheinung.

„Als Johanna in ihr Auto – ein seltenes Sondermodell der Automarke XY von 1999 – steigt, um zu ihrem neuen Freund zu fahren, ist sie aufgeregt. Ein Fahrradfahrer, der sein bevorzugtes, aber für seine Statur zu eng geschnittenes Renntrikot trägt, hält kurz an. Er kennt Johanna aus dem Pilateskurs und hat bereits mehrfach erfolglos versucht, ihre Aufmerksamkeit zu erregen. Beim Anfahren im dritten Gang ahnt er noch nicht, dass er später am Tag einen Unfall haben wird."

Du beschreibst das, was du sehen kannst, weißt aber zusätzlich, was gefühlsmäßig in den Figuren vorgeht und was sie denken. Du kannst in der Zeit hin und herspringen, dem Leser weitere Hintergrundinformationen liefern und vieles mehr.

Die auktoriale Perspektive ist die häufigste in klassischen Romanen und wird auch heute noch gern verwendet. Für den Autoren bietet sie die größtmögliche Freiheit. Trotzdem kann eine auf diese Weise erzählte Geschichte trotz der Schilderung des Innenlebens der Figuren oft distanziert wirken.

Die personale Perspektive: Jetzt erlebst du das Geschehen aus der Sicht einer Figur, die Teil der Handlung ist. In den meisten Fällen ist das auch die Hauptfigur, aber das muss nicht immer so sein. Du kannst in beliebige Figuren „springen", aber nie „von außen" auf das Gesamtbild schauen wie bei den beiden anderen Perspektiven. Allerdings sollte zu häufiges Hin- und Herspringen vermieden werden.

Die große Stärke der personalen Erzählperspektive ist die absolute Subjektivität. Dadurch entsteht eine sehr große emotionale Verbindung zwischen der Figur, aus deren Sicht die Geschichte erzählt wird, und dem Leser. Üblicherweise wird in der 3. Person (er/sie) oder der 1. Person (ich) geschrieben. Die Figur kennt dabei nur ihre eigenen Gefühle, Gedanken, Absichten. Damit ist es die Perspektive, die der menschlichen Erfahrung am nächsten kommt. Auch wir können nicht wirklich in andere Menschen hineinsehen. Diese starke Subjektivität und Emotionalität erklärt vielleicht, warum diese Perspektive so beliebt ist. Sie wirkt sehr lebendig.

> „Als ich in mein Auto steige – wie ich diese Schrottkiste hasse! – klopft mein Herz wie verrückt. Gleich werde ich endlich Marco wiedersehen und in seinen starken Armen liegen können. Ich kontrolliere immer wieder mein Aussehen im Spiegel. Er soll mich so wiedersehen, wie er mich von gestern in Erinnerung hat. Keine Ahnung, wer der Kerl in dem lächerlichen Trikot neben mir auf dem Fahrradweg ist. Vermutlich irgend so ein verklemmter Manager. Und so, wie der beim Anfahren rumeiert, wird der bestimmt noch einen Unfall haben."

Für die praktische Arbeit hat sie allerdings den Nachteil, dass bestimmte Informationen schwer oder nur indirekt zu vermitteln sind. Das gilt insbesondere dann, wenn die Geschichte wirklich konsequent nur aus der Sicht einer einzelnen Figur erzählt wird. Alles das, was die übrigen Figuren in der Zwischenzeit tun, kann nur indirekt beschrieben werden.

Jede Erzählperspektive hat ihre eigenen Vor- und Nachteile. Es gibt keine „richtige" oder „falsche". Wenn du dir unsicher bist, welche für deine Geschichte die richtige ist, versuch einfach eine bestimmte Situation jeweils aus den verschiedenen Erzählperspektiven zu schreiben. Wähle dazu am besten eine einfache, nicht zu komplexe Szene aus deinem Treatment und schreib jeweils 4 bis 5 Seiten. Achte beim Schreiben darauf, wie es sich anfühlt und wie leicht oder schwer es dir fällt, die Seiten zu füllen. In den meisten Fällen kannst du so leicht herausfinden, was für dich richtig ist.

Welche Erzählperspektive am besten passt, hat auch mit der Art der Geschichte zu tun. Die auktoriale Perspektive ist zum Beispiel für ein Fantasy-Epos mit vielen handelnden Figuren praktischer als die personale Perspektive, wobei es sicherlich auch reizvoll sein kann, das Innenleben eines einzelnen Orks darzustellen und alles aus seiner Sicht zu erzählen.

Die neutrale Perspektive ist beispielsweise für Milieustudien sinnvoll in denen du gerade keine zu starke emotionale Bindung zu den Figuren und dem Geschehen aufbauen und jede Form von Parteinahme vermeiden möchtest. Denkbar wären hier Geschichten, die sich um Extremismus und Terrorismus drehen. Andererseits kann es gerade spannend sein, tief in das Innenleben eines Extremisten einzutauchen, so dass der Leser gezwungen wird, sich auch emotional auf diese Figur einzulassen. Das spräche für eine personale Perspektive. Aber wundere dich dann nicht über seltsame Fan-Post von Leuten, die nicht zwischen Autor und Werk differenzieren können oder wollen.

Selbstverständlich kannst du auch verschiedene Erzählperspektiven für eine Geschichte wählen und beliebig zwischen ihnen hin- und herspringen. Oft finden sich Ich-Erzähler – personale Perspektive – in Kombination mit einer der beiden anderen

Erzählperspektiven. Das hat den Vorteil, eine hohe emotionale Verbindung zwischen einer der Figuren und dem Leser herstellen und trotzdem Informationen zu liefern, die sonst nur indirekt darstellbar wären.

Aber ist das sinnvoll? Diese Entscheidung kann dir niemand abnehmen. Grundsätzlich ist eine klare Linie einem chaotischen Mischmasch vorzuziehen. Wähle daher die Perspektive, die aus deiner Sicht am besten zur Geschichte passt.

2.7 Zeitstufen

Im Deutschen gibt es 6 Zeitstufen oder Tempora. Sie ermöglichen eine sprachliche Unterscheidung zwischen Vergangenheit, Gegenwart und Zukunft.

1. Präsens: Gegenwart (er/sie/es läuft)
2. Präteritum: Vergangenheit (er/sie/es lief)
3. Perfekt: vollendete Gegenwart (er/sie/es ist gelaufen)
4. Plusquamperfekt: vollendete Vergangenheit (er/sie/es war gelaufen)
5. Futur Eins: Zukunft (er/sie/es wird laufen)
6. Futur Zwei: vollendete Zukunft (er/sie/es wird laufen sein)

In Erzählungen wird sehr häufig das Präteritum verwendet. Das macht Sinn, da etwas erzählt wird, das bereits in der Vergangenheit passiert ist. Es ist im wahrsten Sinne des Wortes „Geschichte". Es spielt dabei keine Rolle, dass eine fiktive Handlung erzählt wird. Daneben ist das Präsens eine häufige Zeitstufe. Oft in Verbindung mit der 1. Person als Erzählperspektive.
Die Vergangenheitsform lässt den Leser die Geschichte distanzierter erleben, während bei der Gegenwartsform der Eindruck entsteht, dass das Geschehen gerade jetzt, in diesem Augenblick geschieht.

Die „richtige" Zeitstufe ist auch eine Frage des Genres. Die Vergangenheit eignet sich besser für Historische Romane oder Fantasy (Es war einmal vor langer Zeit ...). Die Gegenwart kann für Thriller oder Krimis (Der Mord passiert vor meinen Augen, der Detektiv ermittelt gerade jetzt ...) die bessere Wahl sein. Du entscheidest, welche Zeitform für die Geschichte, die du erzählen willst, die beste ist.

Ich bevorzuge die Gegenwart, unabhängig vom Genre. Ich will, dass der Leser den Eindruck hat, dass alles gerade jetzt passiert und dadurch unmittelbarer in die Handlung hineingezogen wird. Das lässt sich durch meinen filmischen Hintergrund gut erklären. Ich schreibe einfach, was ich vor meinem geistigen Auge sehe, als würde ich es mit einer Filmkamera aufzeichnen. Meine Leser bekommen dann den fertigen „Film" zu sehen.

In Geschichten sind Zeitsprünge üblich. Dadurch wird eine Geschichte spannend, da du die uninteressanten Teile weglässt. Ein Beispiel:

> „Herr Jones nimmt den ersten Flug nach New York. Dreizehn Stunden später sitzt er bei seinem Chef im neuen Büro."

Ohne Zeitsprünge hättest du genau beschreiben müssen, was alles in diesen dreizehn Stunden passiert. Eine echte Herausforderung. Springt die Handlung in der Zeit zurück, ist es eine „Rückblende". Diese kannst du durch ein Signalwort kenntlich machen, also z.B. damals, früher, anfänglich, seinerzeit usw.; es geht aber auch ohne.

> „Herr Jones zeigt seinen Ausweis vor und wartet. Damals, als er noch ein junger Angestellter war, konnte jeder das Gebäude einfach so betreten."

Du wechselst bei einer Rückblende von der Zeitform, in der du erzählst in die, die vor dieser liegt. Selbstverständlich können Rückblenden auch sehr viel ausführlicher sein. Ganze Kapitel können Rückblenden sein und Ereignisse schildern, die vor der Haupthandlung stattgefunden haben. Stilistisch werden Rückblenden oft kritisch gesehen, da sie den Lesefluss unterbrechen und von der Haupthandlung ablenken. Du solltest also einen guten Grund haben, in der Zeit zurückzuspringen.

In meinem Roman „Geiseln" nutze ich sie um zu zeigen, dass die Figuren in doppelter Hinsicht „Geiseln" sind, da Ereignisse aus der Vergangenheit ihre persönliche Entwicklung bis in die Gegenwart hinein behindern. Die eigentliche Geiselnahme, um die sich die Geschichte dreht, doppelt das ganze. Die Rückblenden sind also Teil der Haupthandlung.

Ich verwende auch in Rückblenden fast immer die Gegenwartsform, denn wie beim Film sehe ich die Ereignisse genau jetzt, in diesem Moment. Dass es ein Zeitsprung zurück ist, ergibt sich ganz einfach aus dem Zusammenhang. Experten werten das als „Fehler", weil es unbedarfte Leser verwirren könnte. Dabei ist selbst der Begriff „Rückblende" ein filmischer Fachbegriff. Literarisch müsste es „Rückwendung" oder „Analepse" heißen.

Ich mag allgemein nicht-lineares Erzählen, in dem sich Gegenwart, Vergangenheit und Zukunft mehr oder weniger vermischen bzw. gleichberechtigt sind. Als Menschen verfügen wir über die Fähigkeit, uns Vergangenheit und Zukunft vorzustellen. Dabei ist der Satz „Er lebt in der Vergangenheit." im Grunde Quatsch, denn es ist unmöglich in der Vergangenheit zu leben. Du lebst jetzt, in genau diesem Moment. Aber deine Gedanken und Gefühle können um die Vergangenheit kreisen.

Die Wahl der Zeitstufe hat auch etwas mit deinem persönlichen Geschmack zu tun. Hast du dich aber einmal entschieden, solltest du dabei bleiben. Ein wildes hin- und herspringen zwischen den Zeitstufen ist nicht zu empfehlen.

> „Herr Jones verlässt das Haus und fuhr rasch mit dem Taxi zum Flughafen. Dort hat er den ersten Flug nach New York genommen. Dreizehn Stunden später war er bei seinem Chef im neuen Büro gesessen. Es wird viel zu bereden geben. Das neue Staudammprojekt in Zentralamerika wird kurz vor der Vollendung gestanden haben."

Kann bestimmt als „Kunst" durchgehen, aber besser wäre es so:

> „Herr Jones verließ das Haus und fuhr rasch mit dem Taxi zum Flughafen. Dort nahm er den ersten Flug nach New York. Dreizehn Stunden später saß er bei seinem Chef im neuen Büro. Es gab viel zu bereden. Das neue Staudammprojekt in Zentralamerika stand kurz vor der Vollendung."

Oder so:

> „Herr Jones verlässt das Haus und fährt rasch mit dem Taxi zum Flughafen. Dort nimmt er den ersten Flug nach New York. Dreizehn Stunden später sitzt er bei seinem Chef im neuen Büro. Es gibt viel zu bereden. Das neue Staudammprojekt in Zentralamerika steht kurz vor der Vollendung."

2.8 Reports – Jedes Wort zählt!

Notiere die Anzahl der Wörter, die du täglich schreibst. Das kann in einer einfachen Liste erfolgen. Es ist also nicht nötig, dafür eine komplizierte Tabellenkalkulation zu programmieren. In der Praxis hat sich eine einfache Tabelle mit drei Spalten bewährt. Die erste Spalte ist für die fortlaufende Nummerierung. So weißt du immer, an welchem Schreibtag du dich gerade befindest. Spalte zwei enthält das Datum des jeweiligen Schreibtages und in Spalte drei fügst du Notizen und die Anzahl der an diesem Tag geschriebenen Wörter ein. Um diese zuverlässig zu ermitteln, lässt du am Anfang jedes Schreibtages die Wörter im Dokument zählen. Am Ende machst du dasselbe und bildest die Differenz. Sicherlich gibt es auch Schreibprogramme, die das automatisch für dich machen.

Für mehr Übersichtlichkeit fügst du am Ende jeder Woche eine Zeile ein, in der du die Gesamtzahl der in der Woche geschriebenen Wörter notierst. Außerdem kannst du den rechnerischen Tagesdurchschnitt ermitteln. Dazu teilst du die Gesamtzahl durch die Tage, an denen du geschrieben hast, i.d.R. also durch sieben.

Folgend die Auswertung der Reports für meinen erotischen Thriller „Süden" (Rost, F.-M.: Süden, 2023, unveröffentlicht, Roman). Die Geschichte spielt in den Südstaaten der Vereinigten Staaten von Amerika und hat in der ersten Fassung etwas mehr als 93.000 Wörter.

Projektdauer effektiv: 121 Tage
Schreibtage insgesamt: 102
Stunden insgesamt: 660
Wörter effektiv: 93.348 (1. Fassung)
Wörter pro Woche durchschnittlich: 6.230

Wörter pro Tag maximal: 2.679
Wörter pro Tag minimal: 42
Wörter pro Tag durchschnittlich: 916
Tagesdurchschnitt erreicht: 49 mal (48%)

Von der Idee bis zur ersten Fassung hat es also 121 Tage gedauert. Davon habe ich 102 Tage tatsächlich am Roman geschrieben. Die ersten 19 Tage habe ich mit Recherchen, Plotting und Entwicklung der Figuren verbracht. Berechnungsgrundlage sind jeweils 5 bis 6 Stunden pro Schreibtag.

Da ich nicht hauptberuflich Schriftsteller bin, beginne ich meinen Schreibtag um 4:30 Uhr und arbeite bis etwa 10:30 Uhr. Anschließend widme ich mich anderen Aufgaben. Auf diese Weise habe ich genügend Zeit, um meine Romanprojekte voranzubringen. Einziger Nachteil ist, dass ich aufgrund des Schlafdefizits ab und an halluziniere und selbst engste Familienmitglieder oft nicht erkenne. Aber da muss ich halt durch.

Schreiben soll in erster Linie Spaß machen. Trotzdem solltest du mit einer gewissen Ernsthaftigkeit zu Werke gehen. Solange du noch keine festen Abgabetermine hast, kannst du dir selbst eine Deadline setzen. Also einen Termin, bis wann du dein Manuskript fertig haben willst. Diese Deadline sollte sportlich aber realistisch sein. Einen 70.000 Wörter Roman schreibt niemand in zwei Tagen. 100 Tage sind da schon realistischer. 730 Tage bedeutet, dass dir andere Dinge wichtiger sind oder dir die Erfahrung fehlt, wie du die Arbeit schnell und effizient, ohne Abstriche bei der Qualität erledigen kannst.

Sinn dieser Reports ist nicht, dich selbst unter Druck zu setzen. Im Gegenteil. Sie helfen, Selbstvertrauen aufzubauen. Du wirst schnell feststellen, dass du an jedem Schreibtag produktiv bist. Nach ein paar Wochen weißt du auch, wie viele Wörter du pro Tag schaffen kannst. Du gerätst dann nicht mehr in Panik, wenn es mal nicht so gut läuft.

Es gibt gute Tage, es gibt schlechte Tage. Langsamer Fortschritt ist besser als Stillstand. Jeden Tag etwas zu schreiben ist besser als einmal ganz viel und dann ewig nichts mehr. Schreib, auch wenn dir nicht danach ist, denn eine leere Seite kannst du nicht editieren.

2.9 Testleser und wo sie zu finden sind

Dein erster Testleser bist du selbst. Wenn das, was du schreibst, dich selbst nicht begeistert, dann wird es vermutlich auch sonst niemanden überzeugen. Allerdings sind Geschmäcker verschieden und als Autor wirst du irgendwann unweigerlich „textblind". Daher empfiehlt es sich, mit Testlesern zu arbeiten. Hierbei wird zwischen „Alpha-" und „Betalesern" unterschieden. Das ist nicht wertend gemeint, sondern es geht um die Reihenfolge, wann ein Testleser dein Manuskript zu lesen bekommt.

Dein Alphaleser bekommt den Text immer zuerst. Es sollte eine Person sein, der du zu 100% vertrauen kannst und die absolut ehrlich zu dir ist. Sie sollte in der Lage sein, Lob und Kritik gleichermaßen unverblümt zu äußern und sich konstruktiv mit deinem Manuskript zu beschäftigen. Pauschale Aussagen wie „war gut" oder „alles Mist" bringen dich nicht weiter.

Grundsätzlich ist negatives Feedback, sofern es konstruktiv und nicht ausschließlich verletzend ist, überschwänglichem Lob vorzuziehen. „Alles spitze!" bringt dich nicht so weit wie „auf Seite 100, diese Wendung, also das habe ich nicht verstanden. Warum macht die Figur XY das?". Lade zur konstruktiven Kritik ein und reagiere niemals wie eine beleidigte Leberwurst, wenn dein Alphaleser das dann auch macht. Im Gegenteil. Du hast das große Los gezogen, wenn du so einen Menschen gefunden hast. In den meisten Fällen ist der Alphaleser dein bester Freund, deine beste Freundin oder dein Partner, deine Partnerin.

Wen du dir als Alphaleser aussuchst, hat möglicherweise auch etwas mit der Art deiner Texte zu tun. Ein Sachbuch übers Fliegenfischen kannst du sicherlich ohne Bedenken deinen

Eltern oder Freunden zur Begutachtung überlassen. Schreibst du wie ich Thriller mit viel Sex und Gewalt, dann könnte der ein oder andere Mensch aus deinem persönlichen Umfeld vielleicht schockiert sein, was alles in deinem Kopf vorgeht. Dieses Risiko musst du aber eingehen. Mit jedem Projekt wird dein Selbstvertrauen wachsen und dein Alphaleser wird sich an deinen Stil und deine Themen nach und nach gewöhnen. Falls nicht, könnte dein Freundeskreis kleiner werden oder dein Partner/deine Partnerin verlässt dich. Im Leben muss man Prioritäten setzen.

Betaleser können ebenfalls aus deinem privaten Umfeld stammen. Oft sind es Freunde und Bekannte. Es empfiehlt sich aber, hier den Kreis der Versuchspersonen zu erweitern. Menschen, die dich kennen, werden deine Texte anders lesen und bewerten als vollkommen fremde Personen. Pro Projekt solltest du nicht mehr als 10 Betaleser auswählen, denn sonst kann es schnell zu chaotisch werden. Außerdem möchtest du das Feedback sinnvoll für die weitere Überarbeitung deines Manuskriptes verwenden und nicht in einer Flut an Informationen ersticken. „Viel hilft viel" ist in diesem Zusammenhang definitiv falsch.

Deine Testleser sollten zudem die Demografie deiner avisierten Zielgruppe möglichst genau widerspiegeln. Schreibst du beispielsweise „Frauenromane" macht es wenig Sinn, ausschließlich Männer anzusprechen. Schreibst du „Young Adult"-Geschichten sollten deine Betaleser im entsprechenden Alter sein. Auch das bevorzugte Genre deiner Testleser spielt eine Rolle. Schreibst du zum Bespiel „Thriller", aber deine Testleser mögen hauptsächlich „Fantasy", dann könnte deren Feedback ins Leere laufen. Wer gern etwas über Orks und Zauberer liest, wird sich wohl weniger für Bankräuber und Privatdetektive begeistern. Es sei denn, diese wären Orks oder Zauberer.

Um Testleser zu finden kannst du dich einer Schreibgruppe anschließen. Hier findest du Gleichgesinnte, die selbst gern schreiben und vermutlich deine Texte lesen und dir ihre Eindrücke dazu schildern möchten. Rückmeldungen von Leuten, die selbst schreiben, haben jedoch oft den Nachteil, dass es schnell zu „fachspezifisch" wird. Normale Leser reagieren oft viel natürlicher auf Geschichten. Autoren betrachten alles durch ein geschultes Auge. Da du letztlich normale Menschen und nicht nur Kollegen mit deinen Texten erreichen willst, sollte auch hier der Kreis deiner Testleser erweitert werden.

Wenn du in den Sozialen Medien gut vernetzt bist und über eine nennenswerte Reichweite verfügst, kannst du auch darüber potentielle Testleser ansprechen. Allerdings solltest du ein strenges Auswahlverfahren anwenden und deine Texte nicht nach dem Gießkannenprinzip wahllos über das Internet verstreuen.

Um Testleser für meine Manuskripte zu finden, lege ich gern Flyer in Buchhandlungen und Bibliotheken aus. Der Flyer enthält eine Kurzzusammenfassung des Manuskriptes und meine Kontaktdaten. Wenn es für das Projekt wichtig ist, schreibe ich auch dazu, welche Art von Testleser ich suche, also z.B. Alter, Geschlecht und bevorzugtes Genre. Manchmal melden sich sehr schnell sehr viele Interessenten. Manchmal dauert es etwas. Manchmal meldet sich niemand. Hier ist vor allem Geduld gefragt.

Außerdem solltest du sehr klar kommunizieren, was du von deinen Testlesern erwartest. Setze in jedem Fall eine Deadline, bis wann das Manuskript gelesen sein soll. 6 bis 8 Wochen sind angemessen. Wenn du Personen noch nicht gut kennst, kannst du auch ein kurzes Schriftstück aufsetzen und unterschreiben lassen, in dem festgehalten ist, dass dein Text nur für private Zwecke rausgegeben wird und keinesfalls weitergegeben oder kopiert werden darf. Hier ist natürlich Fingerspitzengefühl gefragt, wie du das kommunizierst. Bei aller Vorsicht sollte dir aber klar sein, dass du eine missbräuchliche Verwendung deiner Texte ohnehin nie gänzlich ausschließen kannst.

Damit das Feedback strukturiert wird, kannst du mit Fragebögen arbeiten. Mancher Testleser ist darüber sogar sehr froh. So hat er einen Leitfaden, worauf er besonders achten soll. Es gibt selbstverständlich auch Leute, die lieber „frei Schnauze" antworten. In diesem Fall kannst du auf so einen Fragebogen auch verzichten. Wichtig ist nur, dass du von Anfang an klar kommunizierst, dass es hier nicht nur um „Spaß" gehen soll, sondern um eine ernsthafte Auseinandersetzung mit deinem noch nicht publizierten Text. Ein Fragebogen für Betaleser könnte so aussehen:

„Danke, dass du dir die Zeit nimmst, mein Manuskript zu lesen. Deine Meinung hilft mir, dieses und zukünftige Projekte zu verbessern. Bitte beantworte die Fragen so wahrheitsgetreu wie möglich. Sollte der Platz nicht ausreichen, einfach auf der Rückseite weiterschreiben. Ich wünsche dir auf jeden Fall viel Spaß beim Lesen!

Dein Name*: [Vor- und Nachname]
Kontakt*: [Telefon und/oder E-Mail]

*freiwillige Angaben. Du kannst jederzeit die Löschung deiner Kontaktdaten unter Telefon [Nummer] oder E-Mail [E-Mail] verlangen.

Wie viele Bücher liest du im Jahr und welches sind deine Lieblingsgenres?

Beschreibe die Geschichte [Titel] in maximal 5 kurzen Sätzen:

Wie bewertest du auf einer Skala von 1-10 (1=schwach, 10=stark) ganz allgemein die folgenden Aspekte:

Action:
Emotionalität:
Figuren:
Glaubwürdigkeit:
Komplexität:
Spannung:
Stimmung:
Worldbuilding:

Welche Figur ist der Protagonist / die Protagonistin und warum?

Wie stark auf einer auf einer Skala von 1-10 (1=schwach, 10=stark) ist das Ziel des Protagonisten / der Protagonistin in der Geschichte?

Welche Figur ist der Antagonist / die Antagonistin und warum?

Wie stark auf einer auf einer Skala von 1-10 (1=schwach, 10=stark) ist das Ziel des Antagonisten / der Antagonistin in der Geschichte?

Welche Figur ist deine Lieblingsfigur und warum?

Welches ist der beste Moment deiner Lieblingsfigur?

Welches ist der beste Moment der Geschichte allgemein?

Welche drei anderen Figuren magst du und warum?

Welche Figur(en) magst du gar nicht und warum?

Über welche Figur(en) würdest du gern mehr erfahren; entweder schon in dieser Geschichte oder in einem möglichen Sequel/Prequel/Spin-off, und warum?

Welche Themen bestimmen die Geschichte? Sind diese aktuell und / oder zeitlos, allgemein gültig?

Ist eine persönliche Haltung / Meinung des Autors zu diesen Themen erkennbar? Wie könnte diese lauten?

Wie bewertest du auf einer Skala von 1-3 (1=zu kurz, 2=gerade richtig, 3=zu lang) ganz allgemein die Länge der einzelnen Kapitel?

Welches ist dein Lieblingskapitel und warum?

Wie gefällt dir der Titel? Was drückt er für dich aus? Welcher alternative Titel würde aus deiner Sicht passen und warum?

Wie gefällt dir der Anfang (die ersten 5 Seiten)? Macht der Anfang Lust darauf, auch den Rest der Geschichte zu lesen?

Aus welcher Perspektive wird die Geschichte erzählt? Allwissender Erzähler oder aus der Sicht einer oder mehrer Figur(en)?

Welche Vor- bzw. Nachteile hat diese Art der Erzählweise für diese Geschichte?

Welche Perspektive bzw. Sichtweise hast du vermisst und was hätte diese ggf. zur Geschichte beitragen können?

Wie bewertest du auf einer Skala von 1-10 (1=schwach, 10=stark) ganz allgemein die Darstellung des historischen Kontextes in der die Geschichte spielt?

Hättest du dir mehr oder weniger (historische) Hintergrundinformationen gewünscht? Was fehlt ggf. aus deiner Sicht?

Wie gefällt dir allgemein der Schreibstil? Ist er präzise oder verschachtelt? Gibt es Autoren / Autorinnen, die einen vergleichbaren Stil haben?

Wie gut haben dir Beschreibungen (Gegenstände, Orte, Personen) in der Geschichte gefallen? Sind diese hilfreich und notwendig?

Welche Beschreibungen (Gegenstände, Orte, Personen) hast du vermisst bzw. worüber hättest du gern mehr erfahren und warum?

Wie gefallen dir allgemein die Dialoge? Gibt es einen Dialog oder ein Zitat, das dir besonders in Erinnerung geblieben ist?

Mit welchen drei Adjektiven lässt sich die Geschichte am besten beschreiben?

Hat dich die Geschichte emotional berührt oder längere Zeit beschäftigt?

Wie gefällt dir das Ende der Geschichte?

Wie überraschend auf einer Skala von 1-10 (1=schwach, 10=stark) war für dich das Ende der Geschichte?

Mit welchen drei anderen Romanen und / oder Filmen könnte man diese Geschichte aus deiner Sicht vergleichen?

Was hat dir an der Geschichte nicht gefallen bzw. was müsste aus deiner Sicht unbedingt geändert und / oder ergänzt werden?

Würdest du das Manuskript weiterempfehlen?

Du kannst selbstverständlich noch weitere Fragen ergänzen oder auch weglassen. Je spezifischer die Fragen auf das jeweilige Projekt zugeschnitten sind, desto besser. Den Fragebogen zu beantworten bzw. sich überhaupt angemessen zu dem Text zu äußern ist der „Preis", den deine Betaleser zahlen müssen. Dafür erhalten sie die Gelegenheit, ein unveröffentlichtes Manuskript lange vor allen anderen lesen zu können. Betone also immer wieder, dass deine Betaleser zu einer Art „Elite" oder sehr exklusivem „Club" gehören.

Dann gibt es da noch sogenannte „Copyleser". Das sind i.d.R. Influencer, Blogger oder Kritiker. Auf jeden Fall Leute, die Texte professionell lesen und darüber schreiben. Copyleser sprichst du erst an, wenn dein Buch kurz vor der Veröffentlichung steht. Sie erhalten die finale, gedruckte Version, also eine „Copy". Als Gegenleistung für ihre Mühe dürfen sie das Buch behalten. Idealerweise fällt die Ansprache eines Copylesers mit der Veröffentlichung zusammen. Dann können interessierte Leser im Netz schnell Kritiken, Rezensionen und Besprechungen zu deinem Buch finden, sobald es überall bestellbar ist.

Hier empfiehlt es sich, Stück für Stück ein Netzwerk aus Copylesern aufzubauen. Das ist insbesondere dann wichtig, wenn du keinen großen Verlag im Hintergrund hast, der diese Aufgabe für dich übernimmt. Aber unabhängig davon, ob du nun Selbstverleger oder Hybridautor bist, ist es so oder so nützlich, einige Copyleser gut zu kennen und ihnen deine Texte regelmäßig zukommen zu lassen. Letztlich bekommst du für den Preis von einem Buch Werbung, die sich vielfach multipliziert.

Aus den Vereinigten Staaten kommt außerdem der Trend, sogenannte „Sensitivityleser", also „Befindlichkeitsleser", anzusprechen. Das sind ausgewählte Vertreter von Randgruppen, die den Text daraufhin überprüfen, ob diese in angemessener Art und Weise repräsentiert werden. Das kann immer dann sinnvoll sein, wenn du z.B. über ein bestimmtes Milieu schreibst, dem du selbst nicht angehörst und dich rückversichern willst, den richtigen Ton getroffen zu haben.

Ein Beispiel: Deine Geschichte spielt im Milieu von Krabbenfischern an der Nordsee. Jetzt könntest du einige Befindlichkeitsleser damit beauftragen herauszufinden, ob du im Text „Moin" und „Moin, Moin" richtig verwendet hast. Das ist gar nicht so einfach, wie du vielleicht im ersten Moment glaubst.

Befindlichkeitsleser sind als Ergänzung zu Betalesern zu sehen, d.h. sie erhalten ebenfalls eine noch nicht veröffentlichte Version deines Manuskriptes. Das macht Sinn, schließlich möchtest du deren Feedback in deinen Text einbauen, bevor du die finale Version erstellst.

Allgemein solltest du erst dann Beta- und Befindlichkeitsleser suchen, wenn du eine sehr weit fortgeschrittene Fassung deines Manuskriptes in der Hand hältst. Das kann vor oder nach dem Lektorat sein, auf jeden Fall erst dann, wenn du deinen Text mindestens einmal überarbeitet hast.

Testleser sind allerdings nicht dazu da, den Text auf Fehler und schlechtes Handwerk hin abzuklopfen. Die Figurenentwicklung, die Erstellung einer spannenden Handlung, das Vermeiden von Plot-Holes, all das ist allein deine Verantwortung. Testleser können und sollen das nicht für dich übernehmen.

Was sie dir geben ist rein subjektives Feedback. Du musst dann entscheiden, was du damit anfängst.

Angenommen, du hast 10 Betaleser und 7 davon finden dein Manuskript schlecht. Ist das Grund zur Panik? Musst du nun alles löschen und ganz von vorn anfangen? Nein. Ein solches Feedback zeigt dir nur, dass dein Text zum jetzigen Zeitpunkt noch nicht so optimal ausformuliert ist, wie er sein könnte. Die subjektiven Eindrücke der Testleser helfen dir, einen besseren Weg zu finden, dasselbe auf andere Art zu schreiben. Sehr häufig sind es genau die Stellen in deinem Text, mit denen du selbst noch nicht hundertprozentig zufrieden bist. Stürzen sich deine Testleser ebenfalls darauf, weißt du, dass dein Bauchgefühl richtig ist. Vereinfacht ausgedrückt: Testleser bestätigen nur, was du ohnehin schon weißt.

2.10 Vom Wert und Unwert des Lektorats

Bisher hast du dich entweder nur selbst mit deinem Text beschäftigt oder Amateure nach ihrer Meinung gefragt. Ein Lektorat ist etwas völlig anderes. Es ist eine professionelle und in den meisten Fällen auch kostenpflichtige Auseinandersetzung mit dem Manuskript. Anders als bei einem reinen Korrektorat werden nicht nur Fehler korrigiert, sondern Inhalt, Struktur, Grammatik, die allgemeine Lesbarkeit und der Stil des Textes beurteilt. Ein guter Lektor versucht dir als Autor zu helfen, das Beste aus deinem Text herauszuholen. Sinn ist die Optimierung des Manuskriptes, nicht die totale Veränderung. Der Autor muss nach dem Lektorat immer noch erkennbar sein. Ein paar Beispiele, worauf Lektoren besonders achten:

- Zu viele Adjektive und Adverbien.
- Satzstruktur: abwechslungsreich oder immer gleich (und dadurch langweilig)?
- Wörtliche Rede: natürlich? Zu viel? Zu wenig?
- Übertrieben blumige Sprache.
- Angeben mit Recherchewissen.

Der Unterschied zwischen einem lektorierten Text und der Rohfassung ist oft wie zwischen Tag und Nacht. Insbesondere Neulinge tappen bei ihren ersten Projekten in die immer gleichen Fallen. Ein guter Lektor wird Vorschläge machen, wie das, was der Autor beabsichtigt zu sagen, besser erreicht werden kann. Der Autor entscheidet dann, ob er das entsprechend umsetzt oder nicht. Letztlich geht es darum, durch eine klare und präzise Sprache den Lesefluss und damit das Lesevergnügen zu erhöhen.

Verlagsautoren profitieren davon, dass das Lektorat i.d.R. vom Verlag organisiert und auch bezahlt wird. Selfpublisher müssen diese Kosten aus eigener Tasche zahlen und freie Lektoren am Markt beauftragen. Je nachdem wie umfangreich der Text ist, können hier gern mal ein paar tausend Euro zusammenkommen. Das ist der Grund, warum so viele Texte im Selfpublishingbereich ohne Lektorat, manchmal sogar ohne Korrektorat, auskommen müssen. Den Autoren fehlt schlicht das Kapital, die entsprechenden Fachleute im Voraus bezahlen zu können. Den Lesern kann dies herzlich egal sein. Sie bezahlen dasselbe für ein Buch, unabhängig davon, auf welchem Weg es veröffentlicht wurde. Wer am Marktgeschehen teilnimmt, muss die Regeln des Marktes respektieren.

Es ist durchaus möglich, einen Text auch selbst zu lektorieren. Neben fundierten Kenntnissen in Rechtschreibung, Grammatik und Zeichensetzung sind Stilsicherheit und literarischer Geschmack gefragt. Außerdem die Fähigkeit, seinem eigenen Material gegenüber absolut rücksichtslos zu sein. „Kill your Darlings"; das kennst du bereits. Ein Autor, der seinen Text selbst lektoriert, muss in der Lage sein, diesen wie ein Fremder zu lesen und auch Sätze, bestimmte Formulierungen und ganze Kapitel kaltschnäuzig in den Mülleimer zu werfen. Einem Lektor fällt das leichter, da er keine emotionale Verbindung zu dem Text hat und objektiver urteilen kann.

Willst oder musst du den Text selbst überarbeiten empfiehlt es sich, ihn zunächst einige Zeit ruhen zu lassen. Am besten machst du für ein paar Wochen etwas völlig anderes. Dadurch erzeugst du eine gewisse Distanz zu deinem Text, so dass du ihn später „mit neuen Augen" lesen kannst. Die wichtigste Frage, die du dir immer stellen solltest ist: Wie kann ich es schneller auf den Punkt bringen?

Brauchst du drei Sätze, um etwas zu beschreiben, versuche es in zwei, besser einem Satz. Statt vieler Adjektive und Adverbien suche nach dem passenden Wort. Statt seitenlang dein Recherchewissen zu zitieren, lass es zum Teil deiner Handlung werden. Beispielsweise ist die maximale Reichweite eines Flugzeuges nur dann interessant, wenn es in irgendeiner Weise handlungsrelevant ist. Deine Hauptfigur könnte in diesem Flugzeug sitzen und die maximale Reichweite ausreizen müssen, um ein bestimmtes Ziel zu erreichen. Klappt es nicht, wird sie sterben. Schon ist diese im Grunde nutzlose Information absolut relevant und erhöht die Spannung. Ansonsten lässt du es besser weg.

Bei der Überarbeitung deines Textes musst du viele harte Entscheidungen treffen. Das klingt einfacher, als es tatsächlich ist. Wenn es dir finanziell möglich ist, solltest du immer ein professionelles Lektorat vorziehen. Das Ergebnis ist eine zweite Fassung deines Manuskriptes, die in den meisten Fällen kürzer sein wird, als dein Ursprungstext. Grundsätzlich gilt, die Überarbeitung von Texten ist der Normalfall. Es kommt höchst selten vor, dass ein Autor einen nicht überarbeiteten Text erfolgreich am Markt platziert.

Ein Lektorat ist kein „Wundermittel". Ein mittelmäßiger Text wird nicht plötzlich zu einem Kandidaten für den Literaturnobelpreis, nur weil ein Lektor einen Blick darauf geworfen hat. Hier ist eine realistische Erwartungshaltung gefragt.

Auf der anderen Seite kann das Besondere eines Textes durch zuviel „Herumlektorieren" auch verloren gehen. Bestimmte Dinge im Text, die von ausgebildeten Lektoren als „Fehler" angesehen werden, können vom Autoren gerade genau so gewollt sein. Hier ist es wichtig, die ursprüngliche Intention auch gegen professionelle Kritik zu „verteidigen".

3

Anbieten

Du weißt jetzt, wie du aus einer Idee ein Manuskript machen kannst. Das umzusetzen und wirklich einen Text in den Händen zu halten ist schon ein großer Erfolg und sollte entsprechend gefeiert werden. Aber hier muss es nicht enden.

Bist du ein Autor, der anderen Menschen etwas mitteilen möchte, dann führt kein Weg an der Veröffentlichung deines Textes vorbei. Dazu gibt es verschiedene Wege, die alle Vor- und Nachteile haben. Klassischerweise bietest du es einem geeigneten Verlag an. Das erfolgt heute oft über eine Literaturagentur. Oder du gibst deinen Titel als Selfpublisher heraus.

Ein Verlag lebt davon, dass er Bücher mit Gewinn verkauft. Bietest du dein Manuskript einem Verlag an, musst du diesen davon überzeugen, dass dein Titel Geld einbringen wird. Wenn er darüber hinaus auch noch literarisch gut ist, dann schadet das nicht.

Eine Literaturagentur vertritt entweder einzelne Werke eines Autoren oder den Autoren als Person. Die Agentur verfügt im besten Fall über belastbare Kontakte zu großen Publikumsverlagen und kann den Titel bzw. den Autor dort platzieren. Für diese Dienstleistung erhält die Agentur i.d.R. 15-20% von jedem Euro, den der Autor verdient. Die Agentur muss also felsenfest davon überzeugt sein, dass mit dem Werk oder dem Autor Geld zu machen ist. Verlage nutzen Literaturagenturen daher gern als eine Art vorgelagerten Filter. Trotzdem ist ein Vertragsschluss mit einer Agentur keine Garantie, dass die betreffenden Texte veröffentlicht werden.

Als Selfpublisher bist du dein eigener Mini-Verlag. Dein Programm besteht aus einem einzigen Buch bzw. ausschließlich aus Büchern, die du selbst geschrieben hast. Das Internet macht es dir heute vergleichsweise leicht, diesen Weg zu gehen. Die Margen pro verkauftem Buch sind für Selfpublisher oft deutlich höher, als für Verlagsautoren. Dafür müssen Selfpublisher aber sämtliche Zusatzarbeiten, also z.B. Lektorat, Covergestaltung, Werbung usw. selbst organisieren und auch bezahlen. Gerade bei neuen Autoren wird die scheinbar höhere Gewinnmarge dann schnell aufgefressen. Im schlimmsten Fall muss am Ende draufgezahlt werden.

Einige Autoren sind auch „Hybridautoren". Sie veröffentlichen einige Titel bei Verlagen und andere im Selbstverlag. In den meisten Fällen schlachtet der Verlag die kommerziell besser zu verwertenden Titel aus, während die künstlerisch anspruchsvolleren Bücher dann im Selbstverlag landen.

Unbedingt vermeiden solltest du Agenturen, die im Vorfeld Geld von dir verlangen. Absolut unseriös. Du zahlst und es wird nichts dabei für dich herauskommen. Ebenso sind sogenannte Druckkostenzuschussverlage, Zuschussverlage oder Selbstkostenverlage zu meiden. Diese „Verlage" knöpfen dir sehr viel Geld dafür ab, dass sie dein Buch drucken und dann verstauben lassen. Da sie ja bereits das Geld haben, haben sie absolut keine Motivation mehr, für einen Verkauf dieses Buches zu sorgen. Geht es dir nur darum, dein Buch gedruckt zu sehen, kannst du mit einer Druckerei deines Vertrauens sprechen und 500 Stück auf eigene Kosten drucken lassen. Das ist wesentlich preisgünstiger und hat den gleichen Effekt.

Folgend werde ich dir zeigen, welche Unterlagen du benötigst, wenn du dein Buch einem Verlag oder einer Literaturagentur anbieten möchtest. In den meisten Fällen werden das ein An-schreiben, ein Exposé, eine Leseprobe, eine Autoren-Vita und eine Veröffentlichungsliste sein. Alle Unterlagen werden i.d.R. als PDF-Datei per E-Mail eingereicht. Biete nie mehr als ein, maximal zwei Titel auf einmal an.

3.1 Das Anschreiben.

Heutzutage schreibst du Literaturagenturen oder Verlage in den meisten Fällen ganz einfach per E-Mail an. Es gibt aber immer noch Agenturen und Verlage, die auf die Zusendung (aus)gedruckter Unterlagen bestehen. Es ist ratsam, sich vor einer Bewerbung mit den Anforderungen und dem Profil eines möglichen Partners zu beschäftigen.

Das Anschreiben sollte etwas von dir und deiner Persönlichkeit offenbaren. Du könntest erwähnen, warum du schreibst und warum gerade dieser Text aus deiner Sicht für den Adressaten geeignet ist. Oft hilft es, eine Verbindung zwischen dir und deinem Text und den Autoren und Texten, die dein Adressat bereits vermarktet, herzustellen. Das zeigt dem Gegenüber auch, dass du dich mit der jeweiligen Webseite beschäftigt hast. Daher sollte diese gedachte Verbindung nicht zu stark konstruiert wirken. Bleib dabei immer kurz und prägnant. Niemand möchte übertrieben lange Abhandlungen darüber lesen, warum du schon in der 6. Klasse so genial warst. Erst recht nicht, wenn es stimmt. Zu guter Letzt folgt noch eine stichpunktartige Auflistung der Anlagen.

Folgend ein Beispiel für ein Anschreiben, das ich selbst gern verwende und immer wieder variiere:

„Sehr geehrte Frau XX
Sehr geehrter Herr XY
Sehr geehrte Damen und Herren,

ich bin davon überzeugt, dass mein Roman [Titel] sehr gut zum Portfolio Ihrer Agentur, zum Programm Ihres Verlages passen könnte. Es ist ein [Adjektiv] [Genre] mit [Besonderheiten], der vom [Thema des Romans] handelt. Die Romane von [Name] zeigen mir, dass Sie das [Bezeichnung] Genre facettenreich vertreten.

[Besondere Entstehungsgeschichte, interessante Details zum Roman hier einfügen.]

Ich schreibe für Menschen, die wie ich ein zunehmendes Unbehagen über den Zustand unserer Welt empfinden, aber für globale Heilsversprechen gleich welcher Art aufgrund ihrer Erfahrung nicht mehr empfänglich sind. Dabei liebe ich es, Selbsterlebtes mit realer und fiktiver Historie zu vermischen.

In der Anlage finden Sie ein Exposé, meinen Lebenslauf und die ersten [Anzahl] Seiten. Ich suche eine Agentur, einen Verlag für eine längerfristige Zusammenarbeit. Bitte antworten Sie nur bei echtem Interesse.

In jedem Falle vielen Dank für Ihre Zeit und Mühe.

Herzliche Grüße,"

Am besten siehst du dir im Vorfeld die jeweilige Webseite an. Hier erfährst du, welche Art Unterlagen eingereicht werden sollen und vor allem, welche Autoren dort mit welchen Titeln bereits unter Vertrag stehen. So kannst du schnell erkennen, ob du und dein Text in das jeweilige Programm passen könnten.

Ein Verlag hat sich beispielsweise auf Krimis und Thriller spezialisiert. Du schreibst aber Fantasy und Science-Fiction. Bewirbst du dich bei diesem Verlag? Kannst du gerne machen, wird nur nichts bringen.

Eine Agentur vertritt hauptsächlich spanischsprachige Untergrundautoren aus Lateinamerika. Du kommst aus Wanne-Eickel und bist Buchhalter. Schreibst du diese Agentur an?

Eher nicht. Es sei denn, du bist ein spanischsprachiger Unter-
grundautor aus Lateinamerika im Exil.

Du schreibst Fiction, aber der Verlag verlegt ausschließlich
Non-Fiction. Schreibst du diesen Verlag an? Nein, selbstverständlich nicht.

Das waren recht einfach zu erkennende Beispiele für Aus-
schlusskriterien. Nicht immer ist es so eindeutig. Du solltest dir
nur merken, die Wünsche und Vorlieben deiner möglichen
Partner zu kennen und zu respektieren. Das erspart dir nicht
nur unnötige Enttäuschung, sondern schont auch deine kostba-
ren Ressourcen Geld und Zeit.

Nehmen wir an, du hast einen passenden Verlag oder eine
passende Agentur gefunden und willst nun das Anschreiben
aufsetzen. Was musst du beachten?

Soll alles (aus)gedruckt zugeschickt werden, dann benötigst du
die richtige Empfängeranschrift. Wird jedoch die Zusendung
per E-Mail gewünscht gibt es oft eine spezielle E-Mail-Adresse
dafür. Du findest diese auf der jeweiligen Webseite. Gibt es eine
solche spezielle E-Mail-Adresse, dann verwende auf jeden Fall
nur diese. Manchmal steht ein Ansprechpartner dabei, dann
solltest du dein Anschreiben personalisieren. Deine E-Mail
muss in jedem Fall deine vollständigen Kontaktdaten enthalten,
also Name, Anschrift, Telefon, Fax und E-Mail.

Manche Verlage und Agenturen möchten, dass man ihnen
mitteilt, wer den Text auch bekommen hat bzw. ob er bereits
angeboten wurde und wie die Entscheidung ausgefallen ist. Es
gibt hier keine eindeutig richtige oder falsche Vorgehensweise.
Meiner Meinung nach geht es niemanden etwas an, wem du
das gleiche Angebot schon gemacht hast und was andere dazu
gesagt haben. Abgesehen davon: Wenn jemand Interesse an
deinem Text und dir als Autor hat, sollte es keine Rolle spielen.

Man muss nicht über jedes Stöckchen springen, nur weil es hingehalten wird.

Der größte Teil der Antworten werden Absagen sein. In den meisten Fällen kommt gar keine Antwort, was wiederum als Absage zu werten ist. Das hat nichts mit der Qualität deiner Arbeit zu tun. Manchmal passt es einfach nicht. Ich schreibe immer, dass ich nur dann eine Antwort möchte, wenn echtes Interesse besteht.

Das Anschreiben sollte neugierig machen, Selbstvertrauen ausdrücken und nach Möglichkeit dazu einladen, sich näher mit deinen eingereichten Unterlagen zu beschäftigen. Da es in den meisten Fällen eine E-Mail sein wird, sollte es zudem nicht zu lang sein. Verlage und Agenturen erhalten jeden Tag eine Vielzahl an Projektvorschlägen. Mit deinem Anschreiben musst du also aus der Masse der Bewerber herausstechen, um in die nächste Runde zu gelangen.

3.2 Das Exposé

Das Exposé ist dein Hauptverkaufsargument. Die Zielrichtung unterscheidet sich stark von der, die du in Kapitel 2.4 kennen gelernt hast. Dort ging es darum, eine Geschichte zu entwickeln. Jetzt geht es darum, eine Geschichte zu verkaufen.

Hierbei müssen zwei grundsätzlich verschiedene Wege unterschieden werden. Entweder, du hast dein Buch schon geschrieben, dann fasst dein Exposé ein existierendes Produkt zusammen, oder du hast zwar eine Idee für ein Buch, das Buch aber noch nicht geschrieben. In diesem Fall bietest du einem Verlag oder einer Agentur ein potentielles Produkt an, von dem keiner weiß, ob es jemals existieren wird. Du musst dann deine Adressaten nicht nur von der Geschichte an sich, sondern auch von deinen Qualitäten als Autor überzeugen. Nicht nur, dass du schreiben kannst, sondern dass du auch in der Lage bist, innerhalb eines festen Zeitrahmens zu liefern.

Der große Vorteil ein Exposé von einem noch nicht geschriebenen Buch einzureichen liegt auf der Hand: Wird es nicht angenommen, hast du dir viel Zeit und Arbeit gespart.
Dieser Vorteil ist zugleich der größte Nachteil. Denn wird es angenommen, muss dein Buch die Erwartungen erfüllen, die das Exposé geschürt hat.

Verlage und Agenturen erkennen anhand des Exposés, ob der Autor „den Markt kennt". Was ist damit gemeint? Es bedeutet, du musst die zehn aktuell erfolgreichsten Bücher in deinem Segment bzw. in der Palette deines Adressaten kennen und dasselbe, aber anders anbieten. Verlage und Agenturen sind Unternehmen, die Geld verdienen wollen. Dazu muss das Risiko minimiert werden. Im Verlagsgeschäft bedeutet das, dass sich neue Titel an den gerade besonders erfolgreichen Titeln orientieren. Darum ähneln sich die Produkte immer mehr und die Qualität verflacht zusehends.

Stark vereinfacht: Sind gerade historische Romane mit mobilen Prostituierten zur Zeit des ersten Kreuzzuges gefragt, dann sollte dein Exposé etwas Ähnliches erzählen, ohne so stark zu kopieren, dass es für eine Plagiatsklage reicht. Statt einer mobilen könnte es eine sesshafte Prostituierte im 17. Jahrhundert sein. Wichtig ist nur, dass deine Hauptfigur eine starke Frauenfigur ist und es irgendwie in der Vergangenheit spielt. Falls du jetzt denkst, ich übertreibe oder scherze, probiere es selbst aus.

Über die akzeptable Länge von Exposés wird leidenschaftlich gestritten. Die meisten Fachleute geben 3 bis 4 Seiten als das Maß aller Dinge an. Es gibt auch Leute, die halten 2 Seiten schon für zu lang. Schaffst du es, die Essenz deiner Geschichte auf wenigen Seiten zusammenzufassen, sollten dir die Herzen der Verlags- und Agenturmitarbeiter in jedem Fall zufliegen, denn du sparst ihnen Zeit. Lang und umständlich kann jeder. Auf den Punkt, das ist schwer.

Als Font verwendest du am besten Courier oder New Times Roman. Auf jeden Fall eine gängige Schriftart. Größe 12. In die Kopfzeile des Exposés gehören dein Name, deine Anschrift und der Titel deiner Geschichte. Dazu weiterführende Informationen, z.B. Genre und Zielgruppe, Alleinstellungsmerkmale, vergleichbare Titel, Erzählperspektive, Umfang des Buches in Normseiten und/oder Worten und ob es ein Einzeltitel oder ein Band einer Serie ist. Das Exposé wird als Normseite formatiert. Mehr dazu findest du in Kapitel 3.4.

Bei der Zusammenfassung der Handlung reduzierst du die Geschichte auf den Kern. Insbesondere Nebenhandlungen und Informationen, die nicht die eigentliche Geschichte betreffen, haben hier keinen Platz. Anders als bei einem Klappentext verrätst du auch das Ende der Geschichte. Der Text muss Emotionen wecken und Bilder im Kopf des Lesers entstehen lassen. Es geht nicht darum, eine logische und stimmige Nacherzählung der Geschichte zu liefern, sondern den Leser dazu zu verführen, das Buch unbedingt lesen zu wollen.

Wenn es für deine Geschichte sehr wichtig ist, kannst du noch ein oder zwei Sätze auf die Charakterentwicklung deiner Hauptfigur verwenden. Meistens wird das aber bereits durch die Zusammenfassung der Handlung deutlich.

Sollte dein Text eine Botschaft haben und du dir unsicher sein, ob diese im Exposé klar zu erkennen ist, kannst du diese als Fazit ans Ende der Zusammenfassung schreiben. Aber bleib dabei realistisch. Eine nette Liebesgeschichte kann „den ganzen Schmerz und die Tragik des 20. Jahrhunderts" durchaus ausdrücken. Es kann aber auch einfach nur eine nette Liebesgeschichte sein.

Wenn es dazu etwas Besonderes zu sagen gibt, kannst du auch ein oder zwei Sätze zur Entstehungsgeschichte des Buches schreiben. Außerdem ist die Autoren-Vita in jedem Fall Bestandteil des Exposés.

Ein mitreißendes Exposé zu schreiben ist eine Kunst für sich. Selbst die besten Autoren scheitern daran, da es ihnen oft schwer fällt, Wichtiges von Unwichtigem zu trennen. Außerdem kann eine Geschichte, die im Roman in epischer Länge erzählt wird, plötzlich ziemlich banal klingen, wenn sie auf wenige Sätze heruntergebrochen wird:

> „Zwei Kleinwüchsige unternehmen eine Wanderung, um einen Ring in einen Vulkan zu werfen und kehren dann in ihre Heimat zurück."

Das klingt nicht unbedingt wie der einflussreichste Fantasy-Roman des 20. Jahrhunderts. Aber das ist im Wesentlichen die

Handlung von „Der Herr der Ringe". Fairerweise muss dazugesagt werden, dass fast alle Epen letztlich simple Geschichten erzählen. Das Besondere ist nicht unbedingt der Inhalt, sondern die Länge der Erzählung.

Außerdem scheuen sich viele Autoren, das Ende ihrer Geschichte zu verraten. Das ist aber notwendig, damit der Entscheidungsträger das Potential der Geschichte und ihren möglichen Platz im Portfolio von Agentur oder Verlag einschätzen kann. Eine Liebesgeschichte, in der jemand stirbt, wird anders vermarktet als eine, in der am Ende alle glücklich sind. Logisch, oder? Hier hilft nur Übung und eine gewisse kritische Distanz zum eigenen Werk.

3.3 Die Logline

Eine Logline, oder auch „Pitch", beschreibt deine Geschichte in einem Satz. Der Begriff stammt aus dem amerikanischen Filmjargon und hat sich inzwischen international durchgesetzt. Mit einer Logline kannst du den Kern einer Geschichte schnell und unkompliziert kommunizieren. Das ist immer dann hilfreich, wenn du potentielle Interessenten schnell von deinem Projekt überzeugen willst.

Es gibt verschiedene Methoden, eine Logline zu schreiben. Ein besonders einprägsamer und im Grunde für jede Geschichte nutzbarer Ansatz ist, die folgenden Elemente einer Geschichte zu identifizieren und dann in einem Satz miteinander zu verbinden: Protagonist, Action, Antagonist, Goal und Stakes.

Protagonist: Die Hauptfigur, die im Zentrum der Geschichte steht. In der Logline beschreibst du den Protagonisten auf allgemein verständliche Art und Weise, indem du den Beruf oder eine bestimmte Eigenschaft hervorhebst, z.B. „ein Polizist", „ein Buchhalter", „ein schüchterner Junge", oder „ein Witzbold". Nur den Namen des Protagonisten zu nennen genügt nicht, da dein potentieller Interessent die Geschichte noch nicht kennt. Wichtig ist vor allem, dass sofort ein Bild im Kopf des Lesers entsteht.

Action: Das, was dein Protagonist im Verlauf der Geschichte tut. Gemeint ist hier die wichtigste Handlung, die für die Geschichte von zentraler Bedeutung ist. In einem Fantasy-Epos wäre das beispielsweise die Reise in ein verwunschenes Land oder das Fangen einer mythischen Kreatur. Schreibst du einen Thriller, könnte es die Verfolgung eines Bankräubers oder das Verhindern eines Anschlages sein. Nebensächliche Informationen haben in der Logline nichts zu suchen.

Antagonist: Der Gegenspieler des Protagonisten, der ihn vom Erreichen seines Ziels abhalten kann. Auch hier gilt, dass du statt eines Namens einen Beruf, eine bestimmte Eigenschaft oder auch das Aussehen hervorhebst. Also statt „Doktor Böse", „Erwin von Braunheim" oder „Ratsbane Darkshadow" lieber griffige Bezeichnungen wie „ein Wissenschaftler, „ein Verrückter" oder „ein dunkelhaariger Riese". Je klarer der Antagonist charakterisiert wird, desto besser.

Goal: Das, was dein Protagonist im Verlauf der Handlung unbedingt erreichen muss. In einem Fantasy-Epos kann es beispielsweise die Zerstörung eines verwunschenen Amuletts sein. In einer Liebesgeschichte wäre es vielleicht einen gemeinsamen Sommerurlaub anzutreten. Jedenfalls muss es etwas sein, das für deinen Protagonisten von zentraler Bedeutung ist.

Stakes: Lässt sich am besten damit umschreiben, was alles auf dem Spiel steht, wenn dein Protagonist scheitert. Je höher diese Stakes sind, desto spannender ist die Geschichte. In einer Agentengeschichte könnte beispielsweise die Zerstörung Manhattans drohen oder das Ende der freien Welt. Dreht sich deine Geschichte eher um ein Familiendrama könnte das Zerbrechen einer Ehe auf dem Spiel stehen. Wichtig ist nur, dass das Risiko im direkten Zusammenhang mit der Handlung und dem Ziel deiner Hauptfigur(en) steht.

Eine der besten Loglines, die ich kenne, ist diese hier:

> „Ein Polizist muss dafür sorgen, dass ein Bus nicht langsamer als 80 Kilometer pro Stunde fährt, um die Explosion einer Bombe zu verhindern, die ein Terrorist an Bord versteckt hat, was alle im Bus töten würde."

Das ist etwas holprig aus dem Amerikanischen übersetzt, aber ich denke, du hast bereits erkannt, dass es sich um die Logline zum Film „Speed"[9] mit Keanu Reeves, Sandra Bullock und Dennis Hopper handelt.

Identifizieren wir noch kurz die einzelnen Elemente, damit deutlicher wird, wie eine Logline aufgebaut wird:

Ein Polizist (Protagonist)
muss dafür sorgen, dass ein Bus nicht langsamer als 80 Kilometer pro Stunde fährt (Action)
um die Explosion einer Bombe zu verhindern (Goal)
die ein Terrorist (Antagonist) an Bord versteckt hat,
was alle im Bus töten würde (Stakes).

Das Schreiben einer Logline zwingt dich dazu, dir darüber klar zu werden, worum es in deiner Geschichte im Kern geht. Möglichen Interessenten vermittelst du mit einer guten Logline in sehr kurzer Zeit das Potential deiner Geschichte, so dass sie im besten Fall mehr darüber wissen möchten. Du kannst sie deinem Exposé voranstellen.

Zu meinem Roman „Geiseln" habe ich nach dieser Methode eine Logline entworfen. Eine Besonderheit ist, dass es in der Geschichte nicht nur einen Protagonisten gibt, sondern mehrere. Wenn du möchtest kannst du versuchen, die übrigen Elemente herauszufinden.

„Vier Fremde werden von Bankräubern als Geiseln genommen, wodurch sie die Chance erhalten, ihr Leben grundlegend zu ändern oder alles zu verlieren."

---

[9] Speed (Originaltitel: Speed), USA 1994, Regie: Jan de Bont, Drehbuch: Graham Yost, Produktion: Mark Gordon, Länge: 116 Minuten

3.4 Die Leseprobe

Es kommt selten vor, dass Agenturen oder Verlage sofort das gesamte Manuskript eines Projektvorschlages lesen wollen. In den meisten Fällen wird stattdessen um eine aussagekräftige Leseprobe gebeten. Fast immer sollen es die ersten 30 bis 50 Seiten sein. Das macht Sinn, denn wenn sich schon der Anfang deines Manuskriptes langweilig liest, wird höchstwahrscheinlich auch der Rest potentielle Leser nicht vom Hocker hauen. So denken zumindest die allermeisten Entscheidungsträger.

Die Leseprobe soll in der Regel als Normseite eingereicht werden. Eine Normseite unterscheidet sich von der typischen Seitenformatierung der gängigsten Schreibprogramme. Die Seitenränder einer Normseite werden wie folgt eingestellt:

Oben: 2,19 cm
Unten: 1,78 cm
Links: 3,17 cm
Rechts: 2,54 cm

Als Schriftsatz verwendest du eine gängige, nicht proportionale Schrift, zum Beispiel `Courier`. Nicht proportional bedeutet, dass die Abstände zwischen den einzelnen Buchstaben immer gleich sind, unerheblich ob es sich um ein breites „w" oder ein schmales „i" handelt.

Der Schriftgrad, also die Größe der Buchstaben, wird auf 12 eingestellt. Das entspricht der Größe der Buchstaben auf den einzelnen Typenhebeln alter Schreibmaschinen. Als Formatierung deiner Normseite stellst du linksbündig ein, der Zeilenabstand wird auf 1,5 eingestellt. Alle anderen Formatierungen lässt du weg.

Der Umfang einer Normseite beträgt laut Definition 30 Zeilen mit bis zu 60 Anschlägen, also bis zu 1.800 Zeichen inklusive Leerzeichen. Ein literarischer Text wird die maximal mögliche Anzahl von Zeichen aber selten erreichen, denn Dialoge, Absätze, Kapitelüberschriften usw. reduzieren den Platz, den der Text auf der Normseite „verbraucht".

Letztlich ist es eine Hilfsgröße, um im Literaturbetrieb den Umfang eines Manuskriptes leichter abschätzen und darauf basierend Honorare abrechnen zu können. Das hat sich historisch so entwickelt und wird selten hinterfragt. Heute kann das dank moderner Textverarbeitungsprogramme sehr viel einfacher durch die Funktion „Wörter zählen" erreicht werden. Hier entspricht die Einstellung „Zeichen inklusive Leerzeichen" den traditionellen „Anschlägen". Obwohl Normseiten damit im Grunde überholt sind, hält der Literaturbetrieb weiterhin daran fest.

Du kannst deine Texte selbstverständlich auch direkt auf einer Normseite schreiben. Ich finde es allerdings am Bildschirm anstrengend zu lesen und nicht sehr ästhetisch. Da Schreiben in erster Linie Spaß machen soll, habe ich mir eine „Schreibseite" eingerichtet, die ich für sämtliche Projekte verwende. Diese ist folgendermaßen formatiert:

Oben: 2,5 cm
Unten: 2,0 cm
Links: 2,5 cm
Rechts: 2,5 cm

Als Schrift verwende ich Bookman Old Style in der Größe 11. Die Seite ist wie die Normseite linksbündig, aber ich verwende einen einfachen Zeilenabstand. Die automatische Silbentrennung ist abgeschaltet. Auf diese Weise erhalte ich nicht nur eine optisch ansprechende Arbeitsumgebung, sondern praktischerweise auch noch eine auf mich zugeschnittene Berechnungsgröße für den angestrebten Umfang meiner Kapitel. Zehn meiner Schreibseiten fassen etwa 5.000 Wörter. Auf dieser Grundlage lassen sich Projekte für mich sehr viel einfacher planen.

Solltest du wie ich mit einer Schreibseite arbeiten, wirst du beim Umformatieren in Normseiten feststellen, dass sich die Seitenzahl enorm erhöht. Aus 190 Seiten werden dann über 300. Dadurch ändert sich selbstverständlich auch der Inhalt jeder einzelnen Seite. Daher solltest du dir beim Schreiben nicht so viele Gedanken über Satz und Formatierung deines Manuskriptes machen. Letztlich wird all das erst sehr viel später entschieden, wenn der Text zum Druck vorbereitet wird.

Um besser zu veranschaulichen, wie sich der Textumfang zwischen einer normalen Schreibseite und einer Normseite unterscheidet, zitiere ich folgend aus meinem Manuskript „Geiseln":

„Sie werden Mutter."
Carol zieht sich wieder an.
Das Urteil ist gesprochen.
„Herzlichen Glückwunsch", sagt Dr. Emmett, Carols Arzt seit sie vor zwei Jahren hergezogen ist. In die Stadt ihrer Träume. San Francisco.
„Und es gibt keinen Zweifel?"
„Der Test", meint der Arzt, „war eindeutig. Und was ich bei ihnen gesehen habe, Kind, lässt aus ärztlicher Sicht keinen anderen Schluss zu. Auch die Symptome, die Sie mir beschrieben haben ..."
„Es gab viel zu tun. Ich bin einfach nur überarbeitet."
Dr. Emmett notiert ein Rezept. „Das nehmen Sie, wenn die Übelkeit schlimmer wird. Achten Sie außerdem auf ausgewogene Ernährung."
Carol faltet das Rezept, steckt es in die Gesäßtasche ihrer Jeans.
„Ich wünschte", sagt sie abwesend, „es gäbe so einen Test für zu Hause ..."

„Warum?"

„Dann hätte ich es früher gewusst."

„Liebes Kind, das ist hoch kompliziert. Außerdem haben wir dafür Labore."

„Ich pinkle in ein Glasröhrchen, verdammt!"

Carol erschrickt über ihren Gefühlsausbruch.

„Gemütsschwankungen. Ganz normal."

„Tut mir leid ..."

„Muss es nicht. Ich erlebe das täglich."

„Aber so ein Test ..."

„Es gibt da tatsächlich so ein verrücktes Huhn. Eine Künstlerin aus New York. Der Name fällt mir leider nicht ein, aber ich habe gelesen, dass sie an so etwas tüftelt."

„Ist doch toll."

„Ich finde es unnatürlich. Und wer weiß, ob Frauen überhaupt den Anweisungen folgen können? Immerhin ist es eine Ausnahmesituation, nicht wahr?"

Carol kneift die Augen zusammen. „Wir sind nicht dumm!"

„So habe ich das nicht gemeint, Kind", sagt Dr. Emmett und lacht.

Carol nimmt ein Cable Car der Linie 61. Der Gripman klemmt das umlaufende Seil mit der Klaue ein und schon setzt sich der Wagen in Bewegung. Die veralteten Bahnen sollen bald durch Busse ersetzt werden, aber die Touristen lieben sie.

Carol beobachtet einen Fuchs, der zwischen den Autos umherstreift. Ein schönes Tier, mit einem großen buschigen Schwanz. Er hüpft auf eine Motorhaube, hält die Nase in den Wind. Im nächsten Augenblick ist er verschwunden. An der Endstation Kreuzung Drum Street und Market Street steigt Carol aus. Sie wird fast über den Haufen gefahren.

Eine Frau in Geschäftskleidung.

Auf einem roten Sportrad.
Ihre Löwenmähne flattert im Wind.
Carols Herz donnert.
Beine und Waden der Radfahrerin
Glatt, braun, hart."

Soweit der Text aus meiner Schreibseite. Als Normseite formatiert schrumpft der Text auf einer Seite gehörig zusammen:

„Sie werden Mutter."
Carol zieht sich wieder an.
Das Urteil ist gesprochen.
„Herzlichen Glückwunsch", sagt Dr. Emmett, Carols Arzt seit sie vor zwei Jahren hergezogen ist. In die Stadt ihrer Träume. San Francisco.
„Und es gibt keinen Zweifel?"
„Der Test", meint der Arzt, „war eindeutig. Und was ich bei ihnen gesehen habe, Kind, lässt aus ärztlicher Sicht keinen anderen Schluss zu. Auch die Symptome, die Sie mir beschrieben haben ..."
„Es gab viel zu tun. Ich bin einfach nur überarbeitet."
Dr. Emmett notiert ein Rezept. „Das nehmen Sie, wenn die Übelkeit schlimmer wird. Achten Sie außerdem auf ausgewogene Ernährung."
Carol faltet das Rezept, steckt es in die Gesäßtasche ihrer Jeans.
„Ich wünschte", sagt sie abwesend, „es gäbe so einen Test für zu Hause ..."
„Warum?"
„Dann hätte ich es früher gewusst."
„Liebes Kind, das ist hoch kompliziert. Außerdem haben wir dafür Labore."
„Ich pinkle in ein Glasröhrchen, verdammt!"
Carol erschrickt über ihren Gefühlsausbruch.
„Gemütsschwankungen. Ganz normal."
„Tut mir leid ..."

„Muss es nicht. Ich erlebe das täglich."
„Aber so ein Test ..."‟

Eine Normseite „verschwendet" also sehr viel Papier. Über Sinn und Unsinn solcher Normen und Standards lässt sich selbstverständlich streiten. Für dich ist nur wichtig, dass du diese Standards kennst und sie entsprechend nutzen kannst.

Die Notwendigkeit, Leseproben einzureichen, zwingt dich auch dazu, über die Macht des Anfangs nachzudenken. Wir leben in einer oberflächlichen, schnelllebigen Zeit, in der die Aufmerksamkeitsspannen inzwischen nur noch mit dem Elektronenmikroskop nachweisbar sind. Daher musst du den ersten Seiten, dem ersten Kapitel, den ersten Sätzen bzw. dem ersten Satz besondere Aufmerksamkeit widmen. Dass deine Geschichte 300 Seiten hat ist schön. Packst du deine potentiellen Leser aber nicht auf Seite 1 werden die folgenden 299 Seiten gar nicht erst gelesen. Es spielt dann auch keine Rolle, dass du auf Seite 276 den genialsten Plot-Twist aller Zeiten geschrieben hast. Es wird niemand bemerken.

Ich selbst mag eher eine ruhigere Gangart. In meinen Thrillern stelle ich meine Hauptfiguren und ihre Welt ausführlich vor, bevor es „losgeht". Ich bin davon überzeugt, dass es so für meine Leser einfacher ist, sich mit den Figuren zu identifizieren und ihre jeweiligen Motive, Sorgen und Nöte besser zu verstehen. Figuren über die nichts bekannt ist, die nur als „Oberflächen" erscheinen, laden nicht gerade zur emotionalen Anteilnahme ein. Trotzdem baue ich Hinweise hinsichtlich des weiteren Verlaufs der Handlung schon in den ersten Sätzen ein. Auf diese Weise kann ich meine Figuren in aller Ruhe einführen und bereite meine Leser trotzdem schon mal auf das vor, was kommen wird.

Du kannst selbstverständlich auch direkt mit der „Action" anfangen, deine Hauptfiguren schon auf Seite eins in Gefahr bringen oder vor eine lebensverändernde Entscheidung stellen. Dann holst du die Erklärung, wie es dazu kommen musste und wer deine Figur ist, später nach. Um Aufmerksamkeit zu erregen und die Entscheidungsträger in Agenturen und Verlagen mit deiner Leseprobe zu überzeugen, kann das eine gute Strategie sein. Letztlich ist alles eine Frage des Geschmacks.

Es gibt aber auch Entwarnung. Du hast das Zeug, der Lieblingsautor oder die Lieblingsautorin von jemandem zu werden, der oder die dich genau für die Art wie du schreibst, mag. Es bringt also nichts, sich zu verbiegen. Schreib, wie du es für richtig hältst. Allgemein stimmt es aber, dass man den ersten Satz erst schreiben kann, wenn der letzte geschrieben ist.

3.5 Autoren-Vita

Eines deiner wichtigsten Marketinginstrumente ist deine Autoren-Vita. Sie wird z.b. Bestandteil deiner Autorenwebseite und auch im Einband deiner Bücher zu finden sein. Dabei handelt es sich nicht um einen tabellarischen Lebenslauf, wie man ihn vielleicht aus Bewerbungsunterlagen kennt, sondern um eine komprimierte Kurzdarstellung von dir als Persönlichkeit.

Eine gute Autoren-Vita kommt mit 4 bis 5 aussagekräftigen Sätzen bzw. mit nicht mehr als 500 Zeichen aus. Alles, was darüber hinaus geht, sollte einer kritischen Prüfung unterzogen werden. Weniger ist mehr. Die Autoren-Vita wird traditionell in der dritten Person verfasst und soll in erster Linie deine Glaubwürdigkeit als Autor unterstreichen. Es gibt aber immer mehr Autoren, die für ihre Vita die erste Person wählen, um eine größere Nähe zu ihren Lesern herzustellen. Ich bevorzuge die traditionelle Form.

Wie du deine Vita aufbaust, bleibt dir überlassen. Ebenso, welche Stationen deines Lebens, welche Besonderheiten du dort aufnehmen willst. Je älter du bist, desto mehr hast du vermutlich bereits erlebt und desto schwerer wird es werden, eine Gewichtung vorzunehmen. Es gibt allerdings einige Punkte, die in jeder Autoren-Vita enthalten sein sollten:

Persönliches, z.B. Alter, Partner, Kinder (sofern vorhanden), Lebensmittelpunkt oder Herkunft.

Wesentliche berufliche Stationen. Im besten Fall im Zusammenhang mit der schriftstellerischen Tätigkeit.

Motivation für das Schreiben, Vorgängertitel (sofern vorhanden), Aussagen über bevorzugte Genres.

In Europa beginnen Autoren-Vitae oft mit den persönlichen Angaben, während im angloamerikanischen Raum Familienstand, Kinder und Wohnort fast immer zuletzt genannt werden.

Was du von dir preisgeben willst, hängt auch von deinem persönlichen Geschmack ab. Willst du dich eher geheimnisvoll geben oder soll dein Leben als eine endlose Abfolge von Erfolgen erscheinen? Letzteres wirkt oft sehr langweilig, denn wer will schon etwas von Leuten lesen, die stets gut drauf sind und ein tolles Leben ohne Probleme haben?

Wichtig ist, ein Bild im Kopf einer potentiellen Leserin oder eines potentiellen Lesers entstehen zu lassen. Es soll Lust darauf machen, gerade von dir einen Roman oder ein Sachbuch lesen zu wollen. Letztlich sind Leser an dem Menschen, der den jeweiligen Text (Roman, Kinderbuch, Sachbuch usw.) geschrieben hat, genauso interessiert wie an dem Text selbst. Es schadet daher nicht, etwas „Drama" in die Autoren-Vita einzuflechten. Folgend ein fiktives Beispiel:

> „James L. Heath wurde 1957 als einziger Sohn eines Diplomatenpaares geboren und verbrachte seine Kindheit und Jugend in Singapur. Als junger Mann fuhr er zur See und gelangte über Melborne und Kopenhagen schließlich nach Lissabon, wo er noch heute mit seiner Frau lebt. Das Paar hat keine Kinder. Nachdem er sich erfolglos als Gebrauchtwagenhändler versucht hat, erhielt er eine Anstellung als freier Mitarbeiter einer Lokalzeitung. Hier verfasste er zahlreiche Essays im Fischereimilieu, die 1978 als Buch veröffentlicht wurden. In seinem preisgekrönten Roman „Mann über Bord!" verarbeitet er seine Erfahrungen als Seemann."

Jetzt hast du eine ungefähre Vorstellung davon, was du von James L. Heath als Romanautor erwarten könntest, wenn es ihn gäbe. Solltest du dich für Seefahrt und fremde Länder und

Kulturen interessieren, dann wäre er sicherlich einer deiner bevorzugten Autoren. Folgend ein weiteres, fiktives Beispiel:

„Emma Koch, Jahrgang 1968, fand erst spät zum Schreiben. Die studierte Germanistin und Sportpädagogin war lange Zeit in Wien und Prag tätig, bevor sie zusammen mit ihrem Mann in ihre Geburtsstadt Hannover zurückkehrte. Anfang 2009 wurde ihr erster Roman, „Schnee ist auch nur Wasser von gestern", zunächst als E-Book und später als gebundene Ausgabe veröffentlicht und war sofort ein großer Erfolg. Das einfühlsame Portrait einer querschnittsgelähmten Leistungssportlerin wurde mehrfach ausgezeichnet. Inzwischen schreibt sie an ihrem zehnten Roman, der auf ihrer beruflichen Erfahrung mit körperlich beeinträchtigten Kindern basiert."

Emma muss man einfach lieben. Sie hilft behinderten Kindern und schreibt einfühlsame Romane. Sie ist ein typisches Beispiel für Personen, die durch ihr Engagement unsere Gesellschaft zusammenhalten. Auch in diesem Fall stehen die Informationen in der Vita im Zusammenhang mit den Texten, die die fiktive Autorin zu Papier bringt. In der Vorstellung entsteht das Bild einer Autorin, die genau weiß, wovon sie schreibt. Werk und Persönlichkeit bilden eine Einheit; gerade darum möchtest du Bücher von ihr lesen.

Insbesondere für Sachbuchautoren ist die glaubwürdige Vermittlung von Kompetenz von entscheidender Bedeutung. Wer möchte z.B. schon eine Anleitung zum Fliegenfischen von jemanden lesen, der noch nie eine Angel in der Hand hatte? Auch dazu ein fiktives Beispiel:

„Herrmann Johansson, 1988 in Kiel geboren, schloss das Studium der Betriebswirtschaft und der Managementpsychologie an der renommierten École Polytechnique mit summa cum laude ab. Nach kurzen Zwischenstationen in Paris, Istanbul und Helsinki, war er viele Jahre als Broker in der City of London tätig. 2014 wurde er vom Money-Magazine als „Young Leader" ausgezeichnet. Er verfasste zwei Standardwerke der modernen Investment-Literatur, „The definite How to get rich" und „The definite How to get richer", die monatelang die Bestsellerlisten in London und New York angeführt haben. Er lebt mit seinem Partner abwechselnd in London und auf den Kaimaninseln."

Willst du nun eine eigene Autoren-Vita verfassen, kannst du zunächst stichpunktartig die wichtigsten Stationen notieren. Dazu gehört immer der Jahrgang oder das Geburtsjahr. Soll es nicht zu formelhaft sein, kannst du auch ein allgemein bekanntes, geschichtliches Ereignis als Umschreibung für dein Geburtsjahr angeben. Einige Beispiele:

... geboren am 11. September (2001)
... geboren zusammen mit dem World Wide Web (1993)
... geboren kurz nach dem Fall der Berliner Mauer (1989)
... geboren im Jahr der ersten Mondlandung (1969)
... geboren am Tag des Wunders von Bern (1954)

Dein Geburtsort oder deine Herkunft kannst du immer dann erwähnen, wenn es interessant oder allgemein für dein Werk relevant ist. Es sollte aber schon etwas Besonderes sein. „Geboren in New York" ist selbstverständlich ansprechender als „erblickte in Appelhülsen das Licht der Welt". In dem Fall könntest du das weglassen. Allerdings kann es wiederum für andere inspirierend sein, wenn du es entgegen aller Wahrscheinlichkeit aus Appelhülsen heraus nach New York geschafft hast. Es kommt also auf den Kontext an. Deine Autoren-Vita soll schließlich neugierig machen.

Ausbildung, Beruf und Tätigkeit sollten auf das Wichtigste reduziert werden. Hast du z.B. ein ganzes Dutzend Jobs und

Praktika gemacht, könnte diese Auflistung in einer Vita schnell ermüdend werden. In einem solchen Fall empfiehlt es sich, eine allgemeine Umschreibung zu wählen. Aber Vorsicht! Schreibst du beispielsweise „ging vielfältigen Tätigkeiten nach", ohne eine bestimmte Richtung erkennen zu lassen, kann das schnell „sprunghaft" und „ziellos" wirken. Bist du aber Gerichtsmedizinerin oder Gerichtsmediziner und schreibst jetzt Krimis, in denen jede Menge Leichen gefunden und zerfleddert werden, dann passt dieser Beruf wunderbar in die Vita und sollte unbedingt herausgestellt werden.

Ebenfalls von Interesse ist die Motivation zu schreiben. Wolltest du das schon immer? Bist du eher zufällig dazu gekommen? Hast du eine „Botschaft", die du in deinen Texten vermitteln willst? Kann man deine Texte bestimmten Kategorien oder Genres zuordnen?

Auch die Entstehungsgeschichte deines ersten oder bekanntesten Werkes kann, sofern sie irgendwie besonders ist, in die Vita aufgenommen werden. Vielleicht musstest du die einzige Kopie deines Manuskriptes aus einem brennenden Haus retten? Gibt es eine spannende Anekdote, ab in die Vita damit!

Unbedingt vermeiden solltest du tagesaktuelle Informationen. Gibt es aber erhebliche Veränderungen, z.B. einen dauerhaften Wechsel des Lebensmittepunktes oder eine besondere Auszeichnung, dann sollte das selbstverständlich entsprechend geändert bzw. ergänzt werden.

Meine Autoren-Vita stellt meinen Hintergrund als Filmemacher, Unternehmer und Hörbuchproduzent heraus. Das macht Sinn, da ich sehr „filmisch" schreibe und meine Projekte im Vorfeld detailliert plane. Insgesamt soll der Eindruck entstehen, dass ich ein Mensch bin, der nicht auf Chancen wartet, sondern diese selbst erschafft und dann auch ergreift. Ich hoffe sehr, dass mir das gelungen ist.

„Frank-Michael Rost, geboren im Jahr der ersten bemannten Mondlandung, lebt mit Frau und Katern in der Nähe von Köln. Der studierte Filmwissenschaftler gründete während des Studiums sein erstes Unternehmen, führte bei zwei Independentfilmen, die erfolgreich auf DVD ausgewertet wurden, Regie und produziert Hörbücher für seinen eigenen Verlag. Nachdem er drei Jahrzehnte als Autor von Werbefilmen Geschichten für seine Kunden erzählt hat, widmet er sich nun voll und ganz dem Schreiben. Seine bevorzugten Genres sind Thriller und Science-Fiction."

3.6 VÖ-Liste

Teil deiner Bewerbungsunterlagen wird häufig eine Veröffentlichungsliste sein. Das ist eine nach Jahren geordnete, tabellarische Auflistung deiner bereits herausgebrachten Werke. Damit kann dein Ansprechpartner feststellen, ob du schon länger im Geschäft bist und das Schreiben allgemein ernst nimmst.

Da alle Titel heutzutage mit wenigen Mausklicks recherchierbar sind, kann sich dein Adressat zudem sehr leicht einen Eindruck davon verschaffen, wie deine bisherigen Werke von der Leserschaft aufgenommen wurden.

Wie du deine Veröffentlichungsliste, kurz VÖ-Liste, aufbaust, bleibt dir überlassen. Du kannst chronologisch vorgehen und mit dem ersten veröffentlichten Titel beginnen oder du beginnst mit deinem aktuellen Werk und arbeitest dich dann nach und nach in der Zeit zurück.

Dein möglicher Vertragspartner dürfte allerdings eher daran interessiert sein, wer du heute bist und welche Titel du heute schreibst und nicht was vor 5 oder 10 Jahren war. Darum empfehle ich, mit den neuesten Titeln zu beginnen. Einige Dinge gibt es trotzdem, die du beachten solltest:

Überschrift: Veröffentlichungen von [dein Name]

Weitere Informationen [Link auf deine Autoren-Webseite]

Jahr [z.B. 2023]

1) Nachname, Name; „Titel", Verlag, Jahr, ISBN

2) Nachname, Name; „Titel", Verlag, Jahr, ISBN

...

Jahr [z.B. 2022]

1) Nachname, Name; „Titel", Verlag, Jahr, ISBN

2) Nachname, Name; „Titel", Verlag, Jahr, ISBN

...

Und so weiter, bis alles aus den jeweiligen Jahren aufgelistet ist. Keine Inhaltsangaben oder weiterführende Informationen. Einzige Ausnahme: Angenommen, ein Titel wurde irgendwo prämiert oder hat eine besondere Auszeichnung erhalten, dann kannst du das mit in die Zeile schreiben, also z.B.:

Nachname, Name; „Titel", Verlag, Jahr, Literaturnobelpreis, ISBN

Im besten Fall ist deine VÖ-Liste prall gefüllt und erstreckt sich über viele Jahre. Allerdings kann es auch ein Nachteil sein, wenn du seit 20 Jahren unverdrossen veröffentlichst, dein Ansprechpartner aber noch nie etwas von dir gehört hat.

Was machst du, wenn du noch nichts veröffentlicht hast? Zunächst mal gibt es keine Grund, das zu verheimlichen oder sich deshalb im Nachteil zu fühlen. Irgendwo muss man anfangen. Vielleicht hast du bisher einfach andere Interessen verfolgt? Oder es hat dich Jahre gekostet, dein erstes Buch zu schreiben, weil es sehr persönlich ist oder du ewig dafür in alten Kirchenbüchern recherchieren musstest. In jedem Fall kannst du deiner Bewerbung dann eine Long-Vita beilegen. Diese sollte interessant sein und irgendwie erkennen lassen, dass „Schreiben" einen Platz in deinem Leben hat.

In einer Long-Vita geht es eher darum, wesentliche Stationen deines Lebens, die dich als Persönlichkeit interessant machen und einen Bezug zu deinem Schaffen als Autor herstellen können, herauszustellen. Anders als deine Autoren-Vita ähnelt die Long-Vita eher einem tabellarischen Lebenslauf, wie du ihn auch aus sonstigen Bewerbungen kennst. Folgend meine Long-Vita als Beispiel:

„Frank-Michael Rost

Aktuell

2019 b.a.W. Schreiben von Romanen und Drehbüchern – on spec

Tätigkeiten

2008 b.a.W. Hörbuchverlag Ohrland. Produktion und Vertrieb von Hörbüchern. Inhaber, Produzent, Autor und Regisseur.

2002 b.a.W. Medienagentur 211entertainment. Produktion von storybasierten Industrie- und Werbefilmen. Inhaber, Autor, Regisseur und Editor.

1997 – 2002 Regisseur und Autor von Kurzfilmen und Dokumentarfilmen in Zusammenarbeit mit diversen deutschen Industrieunternehmen.

1996 – 2002 Digital Art & Creation, Köln. Freier Mitarbeiter für Computeranimation und 2D-Compositing.

1992 – 1995 Rost/Post GbR, Hamm. Produktion von Veranstaltungsfilmen. Gesellschafter, Autor, Regisseur, Editor.

Weiterbildung / Praktika / Sonstiges

2008 Produktionsleiter TV&Film / IHK. Anerkannter Abschluss gemäß besonderer Rechtsvorschrift.

2003 Minus Zwei. Independent Spielfilm. VÖ auf DVD (Eurovideo) 2005. Regie.

2000 Death: Download. Independent Spielfilm. VÖ auf DVD (Eurovideo) 2005. Stoffentwicklung, Produktion, Drehbuch, Regie.

1996 Lone Mountain Films, Inc., Las Vegas. Inh.: Charles Dubec. Trainee Post-Production und Drehbuch.

1993 – 1996 Veröffentlichung von Kurzgeschichten und Artikeln in diversen Fanzines.

1992 – 1994 Freie Schreibgruppe, Bochum. Stoffentwicklung und Schreibpraxis. Initiator & Leiter.

1987 b.a.W. Freie Filmgruppe RPS-Productions, Hamm. Produktion von Kurzfilmen. Initiator & Leiter, Produzent, Autor, Regisseur und Editor.

Studium

1990 – 1997 Theater-, Film- und Fernsehwissenschaft, Germanistik, Philosophie, Wirtschaftswissenschaft. Ruhr-Universität Bochum."

Deine eigene Long-Vita wird selbstverständlich ganz anders aussehen und andere Schwerpunkte setzen. Vielleicht ist es auch ein besonderes Hobby, dass dich zum Schreiben gebracht hat? Angenommen, du bist seit Jahren begeisterter Fallschirmspringer und schreibst jetzt Romane, in denen genau das eine wichtige Rolle spielt. Dann wäre das etwas, was unbedingt in deine Long-Vita gehört. Oder du reist gern und lässt diese Erfahrungen in deine Werke einfließen. Dann wäre das ebenfalls etwas, was in deiner Long-Vita auftauchen sollte. Was auch immer du machst, mach dich interessant.

3.7 Der Umgang mit Absagen.

Write. Offer. Repeat.

Das ist so etwas wie mein Mantra. Ich schreibe, biete es an und wiederhole diesen Vorgang so lange, bis er zum Erfolg führt. Dabei ist „Erfolg" aber keine direkte Linie von A nach B. Aber der Reihe nach.

Nachdem du deine Unterlagen auf den Weg gebracht hast, musst du üblicherweise sechs bis acht Wochen auf Antwort warten. Erfolgt auch danach keinerlei Reaktion ist das als Absage zu werten. Wenige antworten überhaupt und noch weniger begründen ihre Absage. Das hat nichts mit bösem Willen zu tun. Die meisten Verlage und Agenturen sind schlicht hoffnungslos überarbeitet. Darum kann ich auch von Nachfragen dringend abraten. Es hilft dem Prozess nicht. Im schlimmsten Fall kann es zu einer Verärgerung deines möglichen Partners führen. Entscheidungsprozesse laufen in Agenturen und Verlagen nicht immer rational ab. Manchmal ist es eine „Gefühlssache". Da wäre es wenig hilfreich, wenn du das Gefühl „Verärgerung" hervorrufst. Klar, oder?

Die Gründe, dass ein Manuskript abgelehnt wird, sind vielfältig. Es kann an einer Häufung von handwerklichen Unzulänglichkeiten liegen, z.B. wenn du zu viele Rechtschreibfehler übersehen hast, an der nicht deutlich genug herausgearbeiteten Zielgruppe oder auch am persönlichen Geschmack desjenigen, der deinen Text zu lesen bekommt.

Aber selbst wenn alles perfekt ist heißt das noch lange nicht, dass dein Manuskript angenommen wird. Manchmal wird im Tagesgeschäft der Diamant unter all dem Strass schlicht und ergreifend übersehen. In Verlagen und Agenturen arbeiten Menschen und Menschen machen Fehler. Oder dein Manuskript ist wirklich noch nicht so weit, dass es veröffentlicht werden kann. An dieser Stelle ist ein kritischer Blick auf die eigene Arbeit durchaus angebracht.

Hast du das Glück, dass eine Absage zumindest begründet wird, ist das Grund zum Feiern, denn daraus kannst du manchmal wertvolle Hinweise und Ratschläge für deinen nächsten Versuch ziehen. Sofern du in der Lage bist, das Gefühl der Enttäuschung zu ignorieren und die Chance, die sich dir hier bietet, zu erkennen.

Diese Größe hatte ich nicht, als ich im zarten Alter von 16 Jahren meinen ersten Roman fertiggestellt und verschiedenen Verlagen angeboten habe. Ich hatte zwei Jahre daran gearbeitet und kann mich noch sehr gut an meine Euphorie erinnern, als das Buch endlich fertig war. Es handelte sich um eine wilde Fantasy-Geschichte auf 241 maschinengetippten Seiten, die du dir etwa so vorstellen musst, als hätten Robert E. Howard, Michael Ende und die britische Komikertruppe Monty Python im Suff beschlossen, irgendwas zusammen zu machen. Wenn ich das heute mit genügend zeitlichem Abstand lese, schüttle ich selbst oft belustigt den Kopf. Es hätte mindestens noch zwei, besser drei grundlegende Überarbeitungen bedurft, um das Manuskript marktfähig zu machen. Aber das wusste ich damals noch nicht.

Entsprechend hart traf mich die Flut an Ablehnungsschreiben, die dann in schöner Regelmäßigkeit im Briefkasten eintrudelten. Jedes Mal habe ich die Umschläge hoffnungsvoll geöffnet, nur um danach in ein tiefes Loch zu fallen. Ich will das nicht überdramatisieren, aber Ablehnung tut weh. Immerhin war ich geistesgegenwärtig genug, jeden dieser Briefe aufzubewahren, so dass ich jetzt aus einigen davon zitieren kann:

„Nein, bei uns wird's leider nix mit Veröffentlichung.
Sie sollten sich an Verlag wenden, die mehr mit fantasy-
/science fiction-Literatur machen."

Kein Absender erkennbar.

Meine erste Absage auf einer DIN-A 6 großen Postkarte.
Sprachlich wird hier das Kurzmitteilungszeitalter vorwegge-
nommen.

„einfachheitshalber im Original zurück – wir sehen keine Möglichkeit für eine Veröffentlichung."

Fabula Verlag GmbH.

Handschriftlich auf meinem Anschreiben notiert und mitsamt
Manuskript an mich zurück. Papier und vermutlich auch CO_2
gespart. Vorbildlich!

„... wir bedanken uns für Ihr freundliches Schreiben
vom 10.4.1987 und müssen Ihnen leider mitteilen, daß
wir uns ausschließlich auf die Herstellung und den Vertrieb kartografischer Erzeugnisse konzentrieren."

Ravenstein Verlag.

Ich kann nicht oft genug betonen, wie wichtig es ist, sich im
Vorfeld einer Manuskriptvorstellung über das Verlagsprogramm zu informieren.

„... haben Sie Dank für Ihren Brief vom 10.4.1987. Es tut
uns leid, das Manuskript zurückschicken zu müssen.
Die Möglichkeit der Publikation innerhalb eines unserer
Programme sehen wir nicht."

Suhrkamp Verlag.

Muss man so hinnehmen.

„Leider kommt es für eine Veröffentlichung in unserem Verlag nicht infrage, da wir nur ein sehr eng begrenztes Programm in den Sparten Kinder-Bilderbuch und Cartoons/Satire haben."

Lappan Verlag.

Auch hier: Nicht genügend im Vorfeld über den Verlag und sein Programm informiert. Heute würde ich diesen Verlag für dieses Projekt erst gar nicht anschreiben.

„Leider hat sich gezeigt, daß sich Ihr Projekt nicht sinnvoll in unser Verlagsprogramm eingliedern lässt."

Klett-Cotta.

Es hätte auch gereicht, wenn es sinnlos eingegliedert worden wäre. Aber wahrscheinlich sehe ich das zu unkompliziert.

„..., glaube ich nicht, daß sich ein Gesprächstermin auf der Frankfurter Buchmesse lohnt. Meiner Meinung nach verfallen Sie mit Ihrem Roman in die Klischees, die leider bei vielen Fantasy-Erzählungen üblich geworden sind."

Arena Verlag.

Anliegen meiner Geschichte war es unter anderem, eben diese „Klischees" gehörig durch den Kakao zu ziehen und mich mit einem wohlwollenden Augenzwinkern darüber lustig zu machen. Aber Humor ist eine ernste Sache und nicht jeder versteht, dass gelacht werden soll. Dieses Problem besteht immer noch. Mein Eindruck ist, dass Humor allgemein in den letzten Jahren immer mehr problematisiert wird. Die Grenzen dessen, über was noch gelacht werden darf, werden infolge der Lobbyarbeit von Interessengruppen immer enger gezogen. Das muss kein Problem sein. Eine völlig humorlose Gesellschaft wäre sicherlich nahezu diskriminierungsfrei und hoch effizient. So wie ein Ameisenhaufen.

„Obwohl Ihre Geschichte sehr spannend und interessant ist, konnten wir uns nach gründlicher Prüfung doch nicht zu einer Übernahme in unser Programm entschließen, da ihr ein wenig das „besondere Etwas", das Außergewöhnliche fehlt, wonach wir stets auf der Suche sind."

Thienemann Verlag.

Was lernen wir? Spannend und interessant allein reicht nicht.

„Insgesamt überzeugt mich das Ganze nicht so, daß ich es für unser bereits aus allen Nähten platzendes Programm unbedingt nehmen müsste. Überdies haben wir Fantasy- und Science-Fiction-Titel ganz eingestellt, weil diese Bücher bei uns – sehr zu unserem Leidwesen – schlecht gehen. Ganz unabhängig davon haben es Einzeltitel ebenfalls in unserem Programm schwierig, unser Schwerpunkt liegt eindeutig auf Serien."

Franz Schneider Verlag

Hätte man mir das vorher gesagt, hätte ich selbstverständlich behauptet, mein Roman sei „Teil 1 einer Serie".

„Zum einen paßt [...] nicht in unsere Reihe Bibliothek der phantastischen Abenteuer, die nicht mit Science Fiction gleichzusetzen ist, zum anderen lässt der – extrem martialische – Text auch sprachlich zu wünschen übrig. Von einem Gesprächstermin kann unter diesen Umständen abgesehen werden."

Fischer Taschenbuch Verlag.

Stimmt, meine Geschichte schwimmt im Blut. Es spritzt dem Leser auf beinahe jeder Seite quasi ins Gesicht. Ich sehe mich da als literarischer Vorläufer von Quentin Tarantino, der dasselbe in seinen Filmen macht. Das kann den ein oder anderen Leser durchaus überfordern. Selbiges gilt für die teils zotige Sprache,

die ich – selbstverständlich im vollen Bewusstsein meiner Verantwortung als Schriftsteller vor dem Hintergrund der zwei-
tausendjährigen Kulturgeschichte des Abendlandes – bewusst
eingesetzt habe, um langweilige Dialoge mit einem deftigen
„Scheiße!" etwas abzukürzen.

Weitere wohlwollende Absagen kamen u.a. von: C. Bertels-
mann, Einhorn, Goldmann, Ravensburger, Rowolt, Sauerländer
und Jungbrunnen. Die schönste und ausführlichste abschlägige
Antwort möchte ich in voller Länge zitieren:

> „Sehr geehrter Herr Rost, fast täglich erreichen uns Ma-
> nuskripte, Exposés und andere Vorschläge für Buchver-
> öffentlichungen, die wir aus rein verlagstechnischen
> Gründen nicht berücksichtigen können. Leider trifft dies
> auch auf Ihr Angebot zu, für das wir Ihnen hiermit aus-
> drücklich danken möchten. Unsere Entscheidung mußte
> unabhängig vom Gegenstand Ihres Vorschlages erfol-
> gen. Wir bitten daher um Ihr Verständnis, wenn wir von
> einer individuellen Beurteilung absehen, damit Sie mög-
> lichst bald anderweitig disponieren können.

> Der erschwingliche Preis unserer Taschenbücher kann
> nur mit hohen Auflagen und standardisierter Gestaltung
> gewährleistet werden. Deshalb veröffentlichen wir im
> belletristischen Bereich bis auf wenige Ausnahmen keine
> Erstausgaben. Diese Ausnahmen können hier nicht im
> einzelnen charakterisiert werden und sind in jedem Fall
> mit Ihrem Vorschlag nicht zu vergleichen. Prinzipiell
> sind unsere Bände Lizenzausgaben.

> Wir empfehlen Ihnen daher, sich an einen Verlag zu
> wenden, der gebundene Ausgaben in kleinen Auflagen
> publiziert und bei seiner Preisgestaltung, bei seiner
> Pressearbeit, bei seiner Werbung und schließlich bei der
> Lizenzvergabe leichter auf die individuellen Bedürfnisse

und Möglichkeiten neuer Projekte eingehen kann. Adressen und Selbstdarstellungen deutscher Verlage finden Sie in der Dokumentation deutschsprachiger Verlage (Vinz-Olzog), die Ihre öffentliche Bibliothek für Sie bereithält. Mit freundlichen Grüßen ..."

Deutscher Taschenbuch Verlag.

Das liest sich nicht nur, als wäre es aus dem letzten Jahrhundert – was es tatsächlich ist (sogar aus dem letzten Jahrtausend) – oder von einem sehr gebildeten Menschen verfasst (was ebenfalls zutreffen dürfte), sondern enthält zudem auch noch ein paar belastbare Hinweise und Informationen, wie der eigene Publikationserfolg vorangebracht werden könnte. Hier ist ehrliches Interesse erkennbar. Manchmal ist auch das schon ein kleiner Erfolg. Vielen Dank dafür an dieser Stelle.

Damals war ich jedoch nach all den Absagen zermürbt und sehr enttäuscht. Ich war fest davon ausgegangen, dass sich meine Begeisterung auf Entscheidungsträger bei Verlagen übertragen und mein Erstlingsroman schon bald in Buchhandlungen in ganz Deutschland zu finden sein würde. Aber das passierte nicht und schließlich gab ich auf.

Diese fast schon traumatische Erfahrung brachte mich dazu, mich verstärkt auf das Schreiben von Hörspielen zu konzentrieren, die ich mit meinen Freunden auch gleich produzieren konnte. So entstanden einige aufwändige Science-Fiction und Fantasy Geschichten mit vielen Sprechern in verteilten Rollen, die in meinem Freundes- und Bekanntenkreis bis heute mit Begeisterung gehört werden.

Daraus entwickelte sich nach und nach die Produktion von Kurzfilmen – zuerst auf Super-8, später auf Video – für die ich meistens die Drehbücher schrieb und häufig auch Regie führte. Einige reichte ich bei nationalen Videofestivals ein. Der größte Erfolg war ein dritter Platz.

Darauf aufbauend gründete ich zusammen mit einem Freund mein erstes Unternehmen und produzierte Hochzeitsvideos gegen Bezahlung. Reich wurden wir damit nicht, aber es war ein Anfang.

Inzwischen war ich vom Film so begeistert, dass ich Theater-, Film- und Fernsehwissenschaft studierte und mir ernsthaft vorstellen konnte, mein Talent auf die ein oder andere Weise zu Geld zu machen. Das führte mich über Bochum nach Köln. Dort boomte Mitte der 90er Jahre die Medienszene. Schon bald produzierte ich im Auftrag von großen Unternehmen aufwändige Industriefilme. Wieder schrieb ich die meisten Drehbücher, führte Regie, war Kameramann, Editor und beschäftigte mich mit digitalen Spezialeffekten, die damals noch etwas ganz Neues waren. Meine „Filmschule" waren Auftragsarbeiten, bei denen ich für Hunderttausend D-Mark (später Euro) und mehr persönlich haftbar war und feste Abgabetermine hatte. Es gibt nichts auf der Welt, das mehr motiviert.

Wieder hatte ich Glück, Gleichgesinnte zu treffen und so produzierte ich ab Ende der 90er Jahre eine Reihe von Independent-Filmen – meistens Horror- und Actionfilme – von denen z.B. „Death: Download" bis heute auf DVD und als Stream erhältlich ist.

Mein Ziel war nie, intellektuell aufgeladene Filme mit einer „Botschaft" zu machen. Mir ging es um Spaß und Unterhaltung. Meistens ist das auch gelungen. All das wäre vermutlich nicht passiert, wenn mein Roman damals angenommen und veröffentlicht worden wäre. Dieser frühe Erfolg wäre für mich Ansporn gewesen, mich auf das Schreiben zu konzentrieren. Mein Leben hätte einen völlig anderen Verlauf genommen.

Was ich gelernt habe ist, dass Niederlagen, Ablehnung und Scheitern temporär sind. Es kommt nur darauf an, weiterzumachen. Nicht jede Tür im Leben öffnet sich. Manchmal öffnen sich dafür andere. In meinem Fall: Mediendienstleister, Independent-Filmemacher und Hörbuchproduzent.

Inzwischen habe ich die Möglichkeit, zu meiner ursprünglichen Liebe zurückzukehren. Ich schreibe jeden Tag. Ich schreibe bewusst. Mit 30 Jahren Erfahrung als Geschichtenerzähler im Gepäck. Klappt es nicht sofort – was selten der Fall sein wird – versuche etwas Anderes. Lerne. Übe. Verbessere deine Fähigkeiten. Beobachte Menschen und ihr Verhalten. Lebe. Mach Erfahrungen – gute und schlechte – geh raus, entdecke, wer du bist. Und schreibe. Für dich. Für die Schublade. Für die Mülltonne. Es spielt keine Rolle. Es kommt der Tag, an dem du weißt, dass du bereit bist. Unsicher wirst du immer sein. Es gibt keinen Künstler, keinen kreativen Menschen, der nicht damit zu kämpfen hat, dass er Zweifel an seinem eigenen Schaffen hat. Das ist völlig normal und eher ein Zeichen dafür, dass du auf dem richtigen Weg bist. Angst und Zweifel zu überwinden ist das Ziel. Nicht, keine zu haben.

Menschen brauchen Geschichten. Wenn du das Talent hast Geschichten zu erzählen, biete es an. Biete es immer wieder an. Biete es so vielen an, wie möglich. Heute ist es dank moderner Technologie einfacher denn je. Dadurch ist selbstverständlich auch die Konkurrenz größer, denn diese Technologie steht potentiell allen Menschen zur Verfügung. Die Gatekeeper von einst sind zwar immer noch da, aber heute kannst du sie als Selfpublisher umgehen. Volles Risiko. Volle Verantwortung. Aber auch deutlich mehr Verdienst pro Einheit im Erfolgsfall. Wenn du dich also fragst, wie du mit Absagen umgehen sollst:

Write. Offer. Repeat.

4

Tiefer hinein ins Kaninchenloch

Inzwischen weißt du, was eine Geschichte ist und welche Funktion das Geschichtenerzählen innerhalb einer Gemeinschaft hat. Du weißt außerdem, wie du aus einer Idee in kurzer Zeit einen Roman machen kannst und was du benötigst, um dein fertiges Manuskript einem Verlag oder einer Agentur anzubieten. Zeit, etwas tiefer in die Materie einzudringen. Aber zunächst ein paar grundsätzliche Anmerkungen zu den verschiedenen Formen von Büchern und wie das Genre bestimmt, welche Art Geschichte du erzählst:

- **Roman**: Eine fiktionale, ausgedachte Geschichte.
- **Biografie**: Die wahrheitsgemäße Beschreibung des Lebens eines Menschen.
- **Jugendbuch**: Zielgruppe 12-18 Jahre. Hier solltest du eine möglichst enge Zielgruppe definieren. 14jährige ticken anders als 17jährige. Außerdem gibt es Unterschiede zwischen Jungen und Mädchen.

- **Kinderbuch**: 3-11 Jahre. Auch hier solltest du eine möglichst enge Zielgruppe definieren.
- **Sachbücher**: Klar definierte Themen, spannend aufbereitet. Der Autor sollte nach Möglichkeit über eine persönliche Expertise verfügen.

Willst du als Autor am Markt bestehen musst du wissen, welche Genre es gibt. Genre sind eine Form des Schubladendenkens, die von Verlagen aus wirtschaftlichen Erwägungen heraus eingeführt wurden. Lief ein Buch mit bestimmten Handlungsmustern gut, ging der Verlag davon aus, dass ein anderes Buch mit ähnlichen Mustern ebenfalls bei den gleichen Lesern Anklang finden würde.

Nach und nach entstanden so bestimmte Genre und Subgenre. Vorläufige Krönung dürfte das Fantasy-Subgenre „New Weird" sein. Diese dem Muster der New Wave folgende Bewegung bricht mit den traditionellen Mustern der klassischen Fantasy und macht dadurch Genrekonventionen und die dahinterliegenden Machtstrukturen sichtbar. Vereinfacht ausgedrückt: In der Welt der New Weird könnte es auch mal um einen Schönheitswettbewerb unter Orks gehen.

Die Unterscheidung von Geschichten anhand von Genres hat nicht nur den Vorteil, dass sich Bücher leichter sortieren und verkaufen lassen. Dir als Autor bieten sich unendliche Möglichkeiten, deine Geschichten anhand spezifischer Genremerkmale zu planen und zu schreiben. Literarische Gattungen, also Roman, Novelle, Drehbuch, Textbuch usw., sind aber keine Genres, sondern Formen, in denen eine Geschichte erzählt wird. Bekannte Genre sind:

- Fantasy
- Gruselroman
- Historischer Roman
- Kriminalroman

- Liebesroman
- Science-Fiction
- Thriller

Diese Aufzählung ist bei Weitem nicht vollständig. Erschwerend kommt hinzu, dass es zu jedem Genre unzählige Subgenre gibt. Außerdem existieren Mischformen, also Geschichten, die Muster aus zwei oder mehreren Genre miteinander verbinden. Selbst der literarische Roman ist im Grunde auch ein Genre; wobei Literaten das vehement verneinen würden.

Sich an Genres zu orientieren kann sehr viel Spaß machen. Nehmen wir an, du möchtest einen Piratenroman schreiben. Gängige Piratengeschichten zeigen meist eine romantisch verklärte Sicht auf die Seeräuberei und erzählen von Abenteuerlust und Freiheitsdrang. Dass dies mit der damaligen Realität nur sehr wenig zu tun hat, spielt keine Rolle. Piratengeschichten folgen damit im Grunde der gleichen Logik wie der klassische Western.

Obwohl es Piraten zu allen Zeiten gab und noch immer gibt, spielen Piratengeschichten häufig im Goldenen Zeitalter der Piraterie, das im ausgehenden 17. Jahrhundert begann und um 1730 endete. Typischer Schauplatz ist fast immer die Karibik. Damit hast du die Location und die zur Verfügung stehende Technik, sprich Musketen, Entermesser und Segelschiffe, eingegrenzt. Auch die politischen und gesellschaftlichen Verhältnisse lassen sich nun sehr leicht recherchieren.

Willst du mit diesem Genre spielen, kannst du vom gängigen Muster abweichen und beispielsweise moderne Piraten vor Somalia thematisieren. Schon kann aus einer einfachen Abenteuergeschichte ein zeitkritischer, tiefschürfender Roman werden, da du unweigerlich Themen wie Migration, Kapitalismus und Kapitalismuskritik, Spätfolgen des Kolonialismus, Rassismus und noch vieles mehr behandeln wirst. Soll es in der Geschichte um die Befreiung eines gekaperten Öltankers gehen, bieten sich vielfältige Möglichkeiten, Einsatzprotokolle moderner Anti-Terroreinheiten spannend zu erzählen.

Oder du spielst mit den Geschlechterrollen und machst aus dem Piraten eine Piratin, in die sich die entführte Prinzessin verliebt. Immerhin gibt es dafür historische Vorbilder, zum Beispiel die Piratin Anne Bonny, die zusammen mit ihrer Freundin Mary Read die Karibik unsicher machte. Es steht heute außer Frage, dass die beiden ein Paar waren, allerdings wohl auch noch andere Liebschaften nebenbei hatten. Selbst aus einem Genre, in dem scheinbar schon alles gemacht worden ist, kannst du auf diese Weise noch etwas Neues herausholen.

Genremuster zu kennen bedeutet nicht, diese sklavisch zu reproduzieren. Du kannst damit experimentieren, sie ins Gegenteil verkehren oder ironisch brechen. In jedem Fall bietet die Orientierung an einem Genre einen guten Ausgangspunkt, um eine Geschichte zu erzählen.

Die mit Abstand erfolgreichsten Genres auf dem deutschen Buchmarkt sind seit Jahren Krimis und Thriller. An dritter Stelle folgen Sachbücher rund um Wissenschaft und Technik. Dann folgen Biografien. Nennenswerte Reichweite haben außerdem noch Historische Romane, Fantasy und Liebesromane. Weit abgeschlagen finden sich Bildungsromane, Gedichte und die Form der Kurzgeschichte.

Bevor du zu schreiben beginnst, solltest du dich für ein Genre entscheiden und die Gesetzmäßigkeiten dieses Genres verinnerlichen. Das heißt nicht, dass du für den Rest deines Lebens nur in einem Genre schreiben sollst. Aber viele Autoren fühlen sich in einem Genre sehr wohl und sind darum auch sehr erfolgreich. Du solltest kein Genre wählen, mit dem du absolut nichts anfangen kannst. Dir muss nur klar sein, dass ein weniger populäres Genre die Chancen auf eine erfolgreiche Veröffentlichung deines Buches verringert. Auf der anderen Seite kann es für dich durchaus von Vorteil sein, in einem speziellen Subgenre zu schreiben, das nur wenige Autoren bedienen. Dadurch minimierst du automatisch die Konkurrenz und wirst so für potentielle Leser sichtbar.

Warum ist es so wichtig, sich über Genre vor dem Schreiben Gedanken zu machen? Es geht um eine klare Zuordnung deiner Geschichte. Leser sind schwer zu finden und Verlage wollen Geld verdienen. Bist du Selfpublisher, befindest du dich in der gleichen Situation und wirst erst recht sehr viel genauer auf dein Genre achten.

Keep it simple! Halte dich innerhalb der Grenzen deines gewählten Genres und überzeuge durch gutes Handwerk. Allerdings, wenn du eine wirklich genreübergreifende und gute Geschichte hast, dann schreib sie. Vielleicht wird es ja der Grundstock zu einem neuen Genre oder Subgenre? Du musst dir nur der Konsequenzen bewusst sein.

Um zum Kern dessen vorzudringen, was Geschichtenerzählen ausmacht, musst du dich mit Strukturen von Geschichten beschäftigen. Struktur ist das Gerüst, nicht der Inhalt der Geschichte. Einer der ersten, der sich wissenschaftlich damit beschäftigt hat, war der Universalgelehrte Aristoteles. Er lebte um 300 vor Christus in Griechenland.

Für Aristoteles ist alle Dichtung Mimesis, also Nachahmung. Es geht immer um die Darstellung von Menschen, deren Absichten, Charakter und Handlungen. Dabei ist „Mensch" nicht rein biologisch zu verstehen. Die Prinzipien lassen sich auch anwenden, wenn es eine Fantasy-Geschichte und die Hauptfigur ein Ork ist. Auch eine Science-Fiction Geschichte über einen Roboter funktioniert, solange dieser Roboter „menschliche" Eigenschaften besitzt.

Von Aristoteles stammt auch die bis heute gültige Dreiteilung einer Geschichte in:

1. Einleitung,
2. Mittelteil
3. Schluss.

Das mag auf den ersten Blick banal klingen. Jedem dürfte klar sein, dass eine Geschichte irgendwo anfängt, dann alles Mögliche erzählt wird und schließlich die Erzählung endet. Aber wie funktioniert das genau?

Am Beispiel des Films „Der Zauberer von Oz"[10] nach dem gleichnamigen Buch von Lyman Frank Baum lässt sich gut verdeutlichen, wie die Einteilung einer Geschichte nach Aristoteles zu verstehen ist:

Einleitung: Dorothy lebt auf einer Farm in Kansas und träumt davon, an einem anderen Ort zu sein und aufregende Abenteuer zu erleben. Durch einen Wirbelsturm wird sie in das magische Königreich „Oz" verschlagen. Dort gelangt sie in den Besitz von magischen roten Halbschuhen. Diese will ihr die bösen Hexe des Westens abjagen. Um wieder nach Hause zu kommen, muss sie sich auf die gefährliche Suche nach dem großen Zauberer von Oz begeben. Dieser lebt in der Smaragdstadt.

Mittelteil: Dazu folgt sie einem Weg aus gelben Ziegelsteinen und trifft neue Freunde, die ihr bei ihrem Vorhaben helfen: Eine Vogelscheuche, die gern ein Gehirn statt Stroh im Kopf hätte, einen Zinnmann, der gern ein Herz hätte und einen ängstlichen Löwen, der gern mutig wäre.

---

[10] Der Zauberer von Oz (Originaltitel: The Wizard of Oz), USA 1939, Regie: Victor Fleming, Drehbuch: Noel Langley, Florence Ryerson, Edgar Allan Woolf, Produktion: Mervyn LeRoy, Länge: 98 Minuten

Gemeinsam überstehen sie viele Gefahren und Abenteuer im Kampf mit der bösen Hexe und gelangen schließlich in die Smaragdstadt. Dort verspricht der Zauberer von Oz zu helfen, wenn die Vier ihm den Besen der bösen Hexe brächten.

Sie dringen in die Burg der Hexe ein, werden aber von dieser überwältigt und in die Enge getrieben. Aber mit einem Trick kann Dorothy die Hexe besiegen. Das Quartett kehrt mit dem Besen in die Smaragdstadt zurück. Dort stellt sich heraus, dass der „Zauberer" nur ein Scharlatan ist und keine echten Zauberkräfte besitzt.

Schluss: Trotzdem kann der falsche Zauberer die Wünsche der Vier erfüllen, denn: Die Vogelscheuche erhält ein Diplom als Zeichen für ihren Verstand, der Zinnmann erhält eine Uhr in Herzform und der Löwe einen Orden für seinen Mut. Nur Dorothy geht leer aus, denn der Zauberer will sie mit einem Heißluftballon nach Hause bringen, aber das klappt nicht.

Jetzt erinnert sich Dorothy an ihre magischen roten Halbschuhe. Sie spricht ihren sehnlichsten Wunsch aus – nach Hause zurückzukehren – und schlägt die Hacken der Schuhe aneinander. PUFF! Schon ist Dorothy wieder in Kansas.

Die Einleitung stellt die Hauptfigur und ihre Welt sowie die von ihr im Verlauf der Geschichte zu lösenden äußeren und inneren Problem vor.

Der Mittelteil enthält jede Menge Irrungen und Wirrungen und ist der deutlich längste Teil einer Geschichte. Der Endpunkt des Mittelteils ist erreicht, wenn die Hauptfigur entweder ganz am Boden ist und alles zu verlieren scheint oder wenn sie scheinbar alles erreicht hat und als Sieger dasteht. Im ersten Fall wird die Hauptfigur am Ende ihr Ziel erreichen, im zweiten Fall kläglich scheitern.

Der Schluss ist von der ultimativen Konfrontation aller Kräfte und der Auflösung aller Konflikte innerhalb und außerhalb der Hauptfigur geprägt. In den meisten Fällen ist der Schluss einer Geschichte der kürzeste Teil.

Das Ende einer Geschichte kann auf drei Arten erfolgen:

1. Die Hauptfigur erreicht ihr Ziel: Fröhliches Ende.
2. Die Hauptfigur scheitert: Tragisches Ende.
3. Weder noch: Offenes Ende bzw. Cliffhanger.

Dazwischen gibt es noch jede Menge Zwischenformen. Das fröhliche Ende ist mit Abstand das beliebteste. Der Leser möchte seine liebgewonnene Hauptfigur alle Hindernisse überwinden und letztlich triumphieren sehen. Das gibt einfach ein gutes Gefühl.

Das tragische Ende kann eine reinigende Wirkung – Katharsis – haben, insbesondere dann, wenn die Hauptfigur an unserer Stelle verdrängte Gefühle und sozial nicht erwünschte Handlungen auslebt. Die Hauptfigur erleidet dann an Stelle des Lesers die „gerechte Strafe", was wiederum zu einer Auflösung der inneren Spannungen führt. Die Katharsis-Theorie geht ebenfalls auf Aristoteles zurück. Heute wird diese jedoch angezweifelt.

Das offene Ende regt eher zum Nachdenken an. Der Leser hat mehr Freiheiten, Sinn und Absicht der Geschichte zu interpretieren. Oft ist ein offenes Ende auch ein Cliffhanger, d.h. die Geschichte läuft auf einen Höhepunkt zu, der mittendrin abgebrochen wird. Das ist oft sehr unbefriedigend. Wir kennen das aus anderen Zusammenhängen.

In neuerer Zeit hat sich Syd Field mit dem nach ihm benannten „Syd Field Paradigma" hervorgetan, Aristoteles' Prinzipien weiter zu verfeinern.

Field war ein amerikanischer Sachbuchautor, der sich intensiv mit der Technik und der Struktur von Drehbüchern für Spielfilme beschäftigt hat. Seine Forschungsergebnisse lassen sich jedoch auf beinahe jede Art von Geschichte übertragen.

Unter Rückgriff auf Aristoteles teilte Field in seinem Hauptwerk „Screenplay: The Foundations of Screenwriting"[11] ein Drehbuch in drei Akte ein:

1. Anfang
2. Mittelteil
3. Schluss.

Ein typisches Drehbuch zu einem Spielfilm hat etwa 100 Seiten. Daraus lassen sich die Längen der Akte wie folgt berechnen:

- Akt 1 ca. 30 Seiten, oder 30% der Geschichte
- Akt 2 ca. 50 Seiten, oder 50% der Geschichte
- Akt 3 ca. 20 Seiten, oder 20% der Geschichte

Übertragen auf einen Roman von 300 Seiten bedeutet das:

- Akt 1 ca. 90 Seiten
- Akt 2 ca. 150 Seiten
- Akt 3 ca. 60 Seiten

Das sind selbstverständlich ungefähre Angaben. Der erste Akt muss also nicht immer nach genau 90 Seiten zu Ende sein, der Mittelteil muss nicht immer exakt 150 und der Höhepunkt nicht immer 60 Seiten umfassen. Es geht bei diesem Beispiel darum, ein Gespür für die richtige Gewichtung der einzelnen Teile einer Geschichte zu bekommen. Außerdem ist es im Literaturbereich unüblich von „Akten" zu sprechen.

---

[11] Field, Syd (1979): Screenplay: The Foundations of Screenwriting. A Step-by-Step Guide from Concept to Finished Script, New York

Syd Field unterteilt die Struktur einer Geschichte noch etwas kleinteiliger. Neben der groben Drei-Akt-Struktur fügt er an bestimmten Stellen weitere Punkte ein, die bestimmte Funktionen innerhalb einer Geschichte übernehmen und nach seiner Meinung in jeder guten Geschichte vorkommen sollten.

In Akt 1 wird der Protagonist vorgestellt. Wir erfahren alles über die Welt der Hauptfigur und das Problem, das sie in der Folge lösen muss. Akt 1 beginnt mit einer Eröffnungsszene, die die Aufmerksamkeit des Publikums erregt und ein thematisches Statement setzt. Dann folgt der „Inciting Incident", der anstiftende Zwischenfall. Dies ist ein Ereignis, das die Handlung in Gang setzt. Am Ende der 30 Seiten (oder 30% der Geschichte) steht der Plot Point 1. Hier passiert etwas Wichtiges, das die Geschichte in den 2. Akt überleitet.

Akt 2 kann man unterteilen in Akt 2A und Akt 2B. Akt 2A beginnt mit dem Pinch 1 (eine Prise), die ersten echten Herausforderungen für den Protagonisten.

Der Mittelpunkt (etwa bei 50 % der Geschichte) erhöht die Herausforderungen für den Protagonisten und ändert die Richtung, die die Geschichte von da an nimmt.

Akt 2B führt zum Pinch 2, die Herausforderungen werden immer größer, schwieriger und gefährlicher. Der Protagonist wird davon überwältigt und besiegt. Am Ende von Akt 2B steht der Plot Point 2, der Protagonist erkennt seine (innere) Stärke und erreicht den nächsten, finalen Akt.

Akt 3 ist der Höhepunkt der Geschichte. Hier laufen alle Fäden der Geschichte zusammen. Es ergibt sich eines der drei möglichen Enden, die weiter oben beschrieben wurden.

Das Syd Field Paradigma dient in erster Linie der Analyse. Es ist keine Anleitung, wie eine Geschichte geschrieben wird. Die

Prinzipien des Paradigmas gelten aber im Grunde für jede Art von Geschichte, die einer klassischen narrativen Struktur folgt.

Das Paradigma hilft dir dabei, den Aufbau deiner Geschichte besser zu verstehen und dadurch im Vorfeld besser planen zu können. Es sagt dir nicht, wie du eine Geschichte schreiben musst, entwickelt keine interessanten Figuren, erfindet keine spannenden Wendungen oder mitreißende Dialoge. Es ist der strukturelle Aufbau der Geschichte, nicht das, was in der Geschichte passiert. Das Wissen um dieses Paradigma hilft dir, unbewusste Vorgänge beim Schreiben bewusst zu machen.

Folgend wenden wir das Paradigma auf die Geschichte des Films „Der Zauberer von Oz" an:

In Akt 1 wird der Protagonist vorgestellt. Wir erfahren alles über die Welt des Protagonisten ...

Dorothy lebt auf einer Farm in Kansas ...

In der Eröffnungsszene läuft Dorothy mit ihrem kleinen Hund auf einem Feldweg zu der Farm, auf der sie lebt. Dort interessiert sich niemand für ihre Sorgen. Wir erfahren von dem Problem, das der Protagonist in der Folge lösen muss.

Dorothy träumt davon, an einem anderen Ort zu sein und aufregende Abenteuer zu erleben.

Ihr Problem ist, dass sie die Schönheit der Heimat – die Farm in Kansas – nicht erkennen kann. Noch nicht.

Dann folgt der anstiftende Zwischenfall.

Durch einen Wirbelsturm wird Dorothy in das magische Königreich „Oz" verschlagen. Ohne dieses Ereignis gäbe es keine Geschichte, alles würde so weiterlaufen wie bisher.

In Oz gelangt Dorothy in den Besitz von magischen roten Halb-schuhen und muss einen Weg finden, in die Heimat zurückzu-kehren. Dazu macht sie sich auf die Suche nach dem Zauberer.

Offensichtlich Plot Point 1, denn hier passiert etwas Wichtiges, dass die Geschichte in den 2. Akt überleitet. Ohne diese Wen-dung gäbe es keinen 2. Akt.

Dorothy folgt dem Weg aus gelben Ziegelsteinen und trifft die Vogelscheuche, den Zinnmann und den Löwen, die ihr bei ihrem Vorhaben helfen sollen.

Pinch 1. Dorothy muss es schaffen, dass sich die Drei ihr an-schließen, da sie das Abenteuer allein nicht überstehen kann. Bisher ist sie nur ein kleines Mädchen, das keine besonderen Kräfte besitzt und für dessen Probleme sich andere nicht inte-ressieren.

Die Vier gelangen in die Smaragdstadt. Dort verspricht der Zauberer von Oz zu helfen, wenn die Vier ihm den Besen der bösen Hexe bringen.

Der Mittelpunkt. Die bisherigen Herausforderungen und Ge-fahren waren vergleichsweise leicht zu meistern. Jetzt müssen Dorothy und ihre Gefährten die böse Hexe direkt konfrontie-ren. Die Geschichte nimmt nun eine ganz andere Wendung.

Sie dringen in die Burg der Hexe ein, werden aber von dieser überwältigt und in die Enge getrieben. Alles scheint verloren ...

Pinch 2

Aber mit einem Trick kann Dorothy die Hexe besiegen.

Plot Point 2, Dorothy erkennt ihre (innere) Stärke und erreicht durch ihr Handeln den nächsten, finalen Akt.

In der Smaragdstadt kommt es dann zum Höhepunkt. Erst, als sie alles zu verlieren droht, erkennt Dorothy – durch das Beispiel ihrer Gefährten Vogelscheuche, Zinnmann und Löwe – was ihr sehnlichster Wunsch ist:

nach Hause zurückzukehren!

Sie schlägt die Hacken der magischen Halbschuhe aneinander. PUFF! Schon ist Dorothy wieder in Kansas. Das ist das Ende, alle Fäden der Geschichte laufen hier zusammen. Es ist zudem ein Beispiel für ein fröhliches Ende. Nicht nur, dass die böse Hexe des Westens besiegt wurde, Dorothy hat endlich erkannt, dass es nirgends schöner ist als daheim.

Zyniker mögen anmerken, dass Dorothy die Hacken schon in Akt 1 hätte zusammenschlagen und nach Hause zurückkehren können, aber so funktionieren solche Geschichten nun mal nicht. Sagen wir, die Magie wirkt erst, wenn man es wirklich will. Und um es zu wollen, sind all die Erfahrungen notwendig, die die Hauptfigur im Lauf der Geschichte macht.

Fundiertes Wissen um Genre, Lesegewohnheiten und Erwartungen potentieller Leser sowie über Strukturen von Geschichten, ist unerlässliches Handwerkszeug für jeden Autoren. Um aber wirklich gut schreiben zu können, ist etwas anderes erforderlich, das in keinem Buch zu finden ist (auch nicht in diesem): Lebenserfahrung.

5

Der Mann hinter den Worten

Geboren wurde ich 67 Tage nachdem Neil Armstrong als erster Mensch seinen Fuß auf den Erdtrabanten gesetzt hat. Meine Eltern haben jung geheiratet, ich war der Grund dafür. Früher war das so. Zehn Jahre später haben sie sich scheiden lassen. Dafür konnte ich nichts.

Als Einzelkind lebte ich in meinen eigenen Fantasiewelten. Das wurde noch beflügelt durch Bücher, Comics, Hörspiele, Kino und Fernsehen. Außerdem Actionfiguren und Plastiksoldaten. Die Helden unzähliger Abenteuer.

Zu meinen frühesten Kindheitserinnerungen gehört, dass ich „Drehbücher" für eben jene Actionfiguren und Plastiksoldaten geschrieben habe. So konnte ich eine bestimmte Handlung immer wieder exakt reproduzieren. Ich bilde mir daher gern ein, dass mir das Schreiben bereits als Kind in die Wiege gelegt worden ist. Tatsächlich wurden mir Windeln und eine Milchflasche mit in die Wiege gelegt, davon gibt es sogar ein Foto.

Obwohl „Bambi"[12] der erste Film war, den ich bewusst im Kino gesehen habe und durch den ich nachhaltig traumatisiert wurde, gibt es einen Film, der wie kein anderer mein Leben verändert hat: „Krieg der Sterne".

Bei uns lief der Film im Frühjahr 1978 in den Lichtspielhäusern an, nachdem er bereits in den USA für Furore gesorgt hatte. Ich bin meinem Vater bis heute dankbar, dass wir uns diesen Film zusammen angesehen haben. Reinste Magie. Unbeschreiblich. Danach wollte ich unbedingt Astronaut werden. Danach Kampfpilot, Fallschirmspringer, Feuerwehrmann und schließlich Filmemacher.

Damals wäre die einzig realistische Möglichkeit selbst Filme zu drehen, eine Super-8 Kamera gewesen. Dazu hätte ich einen Projektor, eine Leinwand, ein Schnittgerät und noch einiges mehr an Ausrüstung benötigt. Zu teuer für ein Kind.

Allerdings bekam ich zu irgendeinem Geburtstag eine kleine Fotokamera geschenkt. Jetzt konnte ich zumindest Serienfotos schießen. Meine Freunde mussten dann regelmäßig mit Plastiklaserpistolen bewaffnet vor die Kamera treten und sich auf möglichst spektakuläre Art und Weise gegenseitig „erschießen". Laserstrahlen und andere Spezialeffekte wurden dann später mit Filzstift auf die fertigen Fotos aufgemalt.

Der nächste Schritt war die Herstellung eigener Hörspiele. Das ging, weil wir eine Schallplatten-Kassettenrekorder-Radio-Kombination besaßen und ich damit alles mitschneiden konnte, was auf Platte abgespielt wurde oder im Radio lief. So entstanden seltsame Geschichten aus Versatzstücken von Disney-Hörspielen und WDR-Sendungen. Heute würde man das wohl „Kunst" nennen.

---

[12] Bambi (Originaltitel: Bambi), USA 1942, Regie: David Hand, Drehbuch: Larry Morey, Perce Pearce, Produktion: Walt Disney, Länge: 68 Minuten

Nach und nach kam neue Ausrüstung dazu. Endlich auch Kassettenrekorder, mit denen Sprache aufgenommen werden konnte. Dazu ein Mikrofon, ein Mischpult und fertig war das Tonstudio. Wieder wurden alle meine Freunde eingespannt und es entstanden über die Jahre unzählige Hörspiele, die zumeist auf fernen Planeten spielten und bis heute in meinem Freundeskreis regelmäßig gehört werden.

Daneben schrieb ich einen Fantasy-Roman. Eine aufregende Geschichte, in der ich gängige Muster dieses Genres teils ironisch, teil sarkastisch auf die Schippe nahm. In meiner grenzenlosen Begeisterung bot ich das Werk einer ganzen Reihe von Verlagen an, kassierte aber überall nur Absagen.

1986 konnte ich meinen ersten Film drehen, dank der Super-8-Filmausrüstung des Vaters eines Freundes. Die Geschichte handelte von drei Astronauten, die ihren eigenen Raumfrachter in die Luft sprengen, um das Geld von der Versicherung zu kassieren. Dabei geht, wie man sich denken kann, einiges schief. Am Ende sind alle tot. Die Dreharbeiten haben höllisch Spaß gemacht. Das Ergebnis war immerhin in Farbe.

In den folgenden Jahren entstanden immer weitere, teils bizarre Filme. Ich schrieb zumeist die Drehbücher und führte oft Regie. Super-8 musste Video, später digitaler Aufzeichnung weichen. Mit meinen Freunden von damals drehe ich bis heute Filme, auch wenn die Abstände zwischen den Werken zunehmen. Wir haben schließlich inzwischen alle ein „Leben".

Anfang der 90er Jahre gründete ich zusammen mit einem Freund mein erstes Unternehmen. Wir betrieben einen Videokameraverleih, verkauften Unterhaltungselektronik und boten die professionelle Aufzeichnung von Veranstaltungen an. Das waren zumeist Hochzeiten. Für die Beteiligten war das der glücklichste Tag ihres Lebens, für uns harte Arbeit. Ganz besonders dann, wenn nach erfolgreicher Anhebung des Alkoholgehalts im Blut die Polonaise losging und von mir als Kameramann erwartet wurde, das effektvoll in Szene zu setzen. Ich will nicht angeben, aber ich kenne gefühlt 1.587 mehr oder weniger spektakuläre Einstellungsvarianten, um torkelnde Menschenketten auf noch nie da gewesene Art und Weise aufzunehmen. Vielleicht sind es auch 1.588. Unter dem Eindruck dieser Erfahrung fasste ich jedenfalls den Entschluss, niemals zu heiraten.

Noch während des Studiums der Theater-, Film- und Fernsehwissenschaft zog ich von meiner Heimatstadt nach Köln. Dort boomte Mitte der 90er Jahre die Medien-Szene. Ich mischte kräftig mit und gründete schließlich mit Bekannten eine Firma. Wir produzierten Industrie- und Werbefilme, schließlich einen Actionfilm mit dem Titel „Death: Download". Dieser wurde 2005 von EuroVideo auf DVD veröffentlicht. Dadurch erhielt ich die Chance, auch bei anderen Independent-Filmen Regie zu führen oder in anderer Funktion mitzuwirken. Einige dieser Filme wurden ebenfalls auf DVD ausgewertet, andere niemals fertiggestellt.

In den Nachwehen von 9/11 löste sich meine Firma vor meinen Augen auf. Ich stand praktisch mit nichts da und wusste nicht so recht, wie es weitergehen sollte. Genau in dieser Zeit traf ich meine Frau. Wir verliebten uns und heirateten zwei Jahre später. Bei ihr kann ich mir sicher sein, dass sie mich nicht des Geldes wegen wollte.

2005 gründete ich meine eigene Medienagentur, die hauptsächlich für Kunden aus Industrie und Handel tätig ist. 2008 qualifizierte ich mich durch eine einjährige Ausbildung im Kölner Filmhaus und eine Abschlussprüfung vor der Industrie- und Handelskammer zu Köln als Produktionsleiter Film und TV. Die Abschlussprüfung war eine der schmerzhaftesten Erfahrungen meines Lebens. Ich musste die Klausurbögen mit einem Kugelschreiber ausfüllen, war das Schreiben von Hand aber längst nicht mehr gewohnt. Nach etwa 5 Minuten war meine Hand derart verkrampft, dass schon der Gedanke ans Schreiben sich anfühlte wie der Moment, in dem Darth Vader beim Duell in der Wolkenstadt Luke Skywalkers Hand mit dem Laserschwert abtrennt.

Im gleichen Jahr gründete ich den Ohrland Verlag. Darüber konnte ich eigene Hörspiel- und Hörbuchprojekte veröffentlichen. Das erste Projekt war die witzige Science-Fiction Serie „Cungerlan", die ich bis heute in unregelmäßigen Abständen fortsetze. Durch „Cungerlan" habe ich viele tolle Menschen kennen gelernt, Sprecher und Sprecherinnen, Musiker, Tontechniker, Foleyartists und Designer. Dazu Fans, die diese quirlige Saga ebenso lieben wie ich.

Alles schön und gut, aber etwas fehlte.

Du bist vermutlich selbst ein kreativer Mensch und kennst dieses Gefühl, dass es da noch mehr gibt. Kunst, die gemacht werden muss, Geschichten, die erzählt werden müssen. Und zwar von dir. Weil es kein anderer machen wird. Weil du es einfach tun musst. Ganz egal, was andere davon halten.

Im Laufe der Zeit habe ich so viele Geschichten angesammelt, die am besten als Roman erzählt werden. Anders als bei meinem Erstlingswerk blicke ich nun auf jahrelange Erfahrung im Schreiben und Geschichtenerzählen zurück. Es fühlte sich also richtig an, als ich 2019 beschloss, mich ganz dem Schreiben zu widmen.

Inzwischen weiß ich, dass ich zuverlässig zwei bis drei Romane pro Jahr schaffe. Ich habe eine Managerin gefunden, die mich national- und international vertritt und fühle mich am glücklichsten, wenn ich morgens um 4:30 Uhr vor meinem Computer sitzen und schreiben kann.

Vor vielen Jahren sagte ich meinem damaligen Mentor, dass ich hoffe, irgendwann Glück zu haben und groß rauszukommen. Er sah mich nur lange an und meinte dann:

> „Glück ist die Summe aus Vorbereitung und Gelegenheit."

Damals habe ich diesem Satz nicht viel Beachtung geschenkt. Heute weiß ich, dass er stimmt.

Danksagungen & Links

Dieses Buch wäre nicht möglich gewesen ohne die unermüdliche Unterstützung meiner lieben Alphaleserin Claudia Rost. Sie ist ganz zufällig auch meine Ehefrau, was die Sache nicht leichter macht. Danke, Schatz, für alles was du für mich tust!

Gibst du meinen Namen in der Internetsuche ein, wirst du schnell fündig werden. Obwohl vieles stimmt, ist einiges falsch oder veraltet. Daher empfehle ich dir folgende Links:

http://www.ohrland.de
Die Webseite für meine professionellen Mediendienstleistungen

http://www.cungerlan.de
Der Weblog zu meiner Sci-Fi Hörspielserie „Cungerlan".

http://www.youtube.com/@themanbehindthewords
Mein YouTube-Kanal

@rostfrei1969
Mein Instagram Auftritt

Geschäftliche Anfragen richtest du bitte an meine Managerin:

Eleni Larchanidou, LLM
Literary & Talent Manager
p. +1(310)696-3656 – USA
e. managerelenilllm@gmail.com

Literaturverzeichnis & Quellen

(1) Krieg der Sterne (Originaltitel: Star Wars), USA 1977, Regie & Drehbuch: George Lucas, Produktion: Gary Kurtz, Länge: 121 Minuten

(2) Hermann, Kai / Horst Rieck (1978): Wir Kinder vom Bahnhof Zoo, Hamburg

(3) Tolkien, John Ronald Reuel (1980): Der Herr der Ringe, 8. Aufl., Stuttgart

(4) Tolkien, John Ronald Reuel (1957): Kleiner Hobbit und der große Zauberer, Recklinghausen

(5) Rocky (Originaltitel: Rocky), USA 1976, Regie: John G. Avildsen, Drehbuch: Sylvester Stallone, Produktion: Irwin Winkler, Robert Chartoff, Länge: 119 Minuten

(6) Goldfinger (Originaltitel: Goldfinger), GB 1964, Regie: Guy Hamilton, Drehbuch: Richard Maibaum, Paul Dehn, Produktion: Albert R. Broccoli, Harry Satzman, Länge: 105 Minuten

(7) Rowling, Joanne Kathleen (1998): Harry Potter und der Stein der Weisen, Hamburg

(8) Robin Hood (Originaltitel: Robin of Sherwood), GB 1984-86, Idee: Richard Carpenter, Länge: 50 Minuten, 26 Episoden in 3 Staffeln

(9) Speed (Originaltitel: Speed), USA 1994, Regie: Jan de Bont, Drehbuch: Graham Yost, Produktion: Mark Gordon, Länge: 116 Minuten

(10) Der Zauberer von Oz (Originaltitel: The Wizard of Oz), USA 1939, Regie: Victor Fleming, Drehbuch: Noel Langley, Florence Ryerson, Edgar Allan Woolf, Produktion: Mervyn LeRoy, Länge: 98 Minuten

(11) Field, Syd (1979): Screenplay: The Foundations of Screenwriting. A Step-by-Step Guide from Concept to Finished Script, New York

(12) Bambi (Originaltitel: Bambi), USA 1942, Regie: David Hand, Drehbuch: Larry Morey, Perce Pearce, Produktion: Walt Disney, Länge: 68 Minuten

Zeitfracht Medien GmbH
Ferdinand-Jühlke-Straße 7
99095 Erfurt, Deutschland
produktsicherheit@kolibri360.de